2021年上海市教育委员会本级财政项目"视障学生特殊身体
保障措施及推进策略"（项目编号：117–AC9103–21–70700
2020年上海高校本科重点教改项目"由'免修'转向'勉修
（项目编号：304–AC9103–21–368011447）

视障学生体育与健康课程理论与实践

贺静　马瑞　薛原◎主编

吉林大学出版社

长春

图书在版编目（CIP）数据

视障学生体育与健康课程理论与实践 / 贺静，马瑞，薛原主编． -- 长春：吉林大学出版社，2022.2
ISBN 978-7-5768-0048-7

Ⅰ．①视… Ⅱ．①贺… ②马… ③薛… Ⅲ．①视觉障碍—学生—体育课—教学研究②视觉障碍—学生—健康教育—教学研究 Ⅳ．① G761

中国版本图书馆 CIP 数据核字（2022）第 134884 号

书　　名：视障学生体育与健康课程理论与实践
　　　　　SHIZHANG XUESHENG TIYU YU JIANKANG KECHENG LILUN YU SHIJIAN
作　　者：贺　静　马　瑞　薛　原　主编
策划编辑：卢　婵
责任编辑：卢　婵
责任校对：魏丹丹
装帧设计：叶杨杨
出版发行：吉林大学出版社
社　　址：长春市人民大街 4059 号
邮政编码：130021
发行电话：0431-89580028/29/21
网　　址：http://www.jlup.com.cn
电子邮箱：jldxcbs@jlu.edu.cn
印　　刷：武汉鑫佳捷印务有限公司
开　　本：787mm×1092mm　　　1/16
印　　张：18.25
字　　数：210 千字
版　　次：2022 年 2 月　第 1 版
印　　次：2022 年 2 月　第 1 次
书　　号：ISBN 978-7-5768-0048-7
定　　价：96.00 元

编委会

主　编：贺　静　马　瑞　薛　原

编　委：（按照姓氏首字母顺序）

　　　　蔡　皓　付绍婷　吉洪林　陆　乐

　　　　倪　伟　王改芳　杨　阳　张元梁

　　　　张　健（上海市盲童学校）

前　言

少年的时候读海伦凯勒的《假如给我三天光明》，初读书不明白作者当时的处境，只是当看到海伦对于生活的失望，用消极的思想去面对生活，情绪非常的暴躁，常常发脾气，扔东西，她感觉现实生活中没有爱等文字的时候，自己心里面一种非常窒息的感觉。当时在想：如果一个人看不到、听不到、说不出，那种感觉得有多么的绝望和无助啊。直到后来，海伦遇到了影响她一生的"灯塔"——莎莉文老师。从此莎莉文老师成为海伦新生活的引导者，使海伦感受到了生活的希望，使她充满了动力。在莎莉文老师耐心的指导下，海伦学会了阅读，认识了许多的字，对于知识的渴望让她重拾对生活的信心，放下了自卑、愤怒和暴躁，用努力和不卑不亢面对生活与学习。从此，海伦的生活开始步入正轨，她的努力也得到了回报，她进入了哈佛大学，掌握了英语、法语、德语、拉丁语和希腊语五种语言，最终她以优异的成绩大学毕业，成为了人类历史上第一位获得文学学士的盲聋人。除了学业的进步，充满爱心和耐心的莎莉文老师也让她感受到了什么是爱，知道在这个世界上有爱她的父母、有爱她的莎莉文老师。经过莎莉文老师一系列的教育干预和训练，海伦对生命有了更高层次的感悟。

海伦是不幸的，一个健康的婴儿丧失了视力和听力，由于缺少刺激和模仿的环境，一度失声，这是一段多么绝望的岁月！同时，海伦又是幸运的，在她"不完美"的生命中却拥有用心爱她的父母、用心教她知识的莎莉文老师，让她不仅学会了说话，还学会了五种语言。在中国，有视力障碍的人群也是千千万万，如果每一位视力障碍的孩子或学生都拥有一位"莎莉文老师"，在他们生命中点亮那一座巨大的"灯塔"，这应该就是我们教育工作者的最终目标。

申请市教委关于《视障学生体育活动参与促进策略》的项目之初，我们课题组的内心是抱着感恩、学习的态度，希望可以走进视障学生的世界，为他们做一些力所能及的事情。项目伊始，我带着教师的视角再次阅读了海伦的《假如给我三天光明》，去学习莎莉文老师如何通过特殊的教学手段来引导小海伦，将她从绝望的边缘拉回正常的生活轨道，试图从书中能够得到一些答案。

上海师范大学以习近平新时代中国特色社会主义思想为指导，全面贯彻党的十九大精神和上海教育大会精神。坚持党的领导，打造开放灵活的融合教育，确保视力障碍学生享有适合的教育，促进视力障碍学生身心健康成长。

我校从2002年开始招收视力障碍的大学生，已经陪伴视力障碍大学生走过了20个年头。在与视力障碍学生同行的岁月里，上海师范大学体育学院主要是承担视力障碍大学生的公共体育课程。在培养视障学生体育参与能力的过程中，我们紧跟国家政策和党的领导，不断地在反思、修订和完善我们的公共体育课程方案，也不断地改善我们的教学理念和目标，调整我们的教学手段和评价方法，根据所开课程的教学要求和视力障碍学生的学习特点，开发适用于视力障碍学生学习的课程内容和授课模式。

在承担视障学生公共体育课程的过程中，我们也发现了很多问题，基于对视障学生体育教学实践过程中存在的主要问题进行的一些思考，我们编写了本书，主要从视障学生相关的理论概述、视障学生公共体育课程思想和理念、视障学生公共体育课程设置、视障学生公共体育课程教学与评价方法、视障学生公共体育课程教学保障体系、视障学生公共体育课程过程中学生心理辅导、视障学生课外体育锻炼促进策略以及视障学生体育优质课分享与活动集锦八个章节进行阐述。希望对视障学生的体育参与提供一些参考。

目　录

第一章 视障学生相关理论概述

第一节 视障学生的定义、发病原因与分级标准

一、视力障碍的定义与分类

（一）视力障碍的定义

视力障碍，简称视障，又称视力缺陷/残疾，是指由于各种原因而引起的先天性视力失明或后天性视力减退/视力丧失。视障学生是指由于各种原因导致双眼视力低下，同时，不能进行矫正或视野缩小，因而影响日常学习生活和社会参与的学生群体[1]。

（二）视力障碍的分类

视力障碍可以分为多种：（1）急性视力障碍，包括视力突然下降或丧失及急速进行性视力减退；（2）慢性视力障碍，表现为在一段时期内

视力逐渐下降；（3）一过性视力障碍，表现为视力突然下降，经过一段时间又恢复正常，是一种阵发性或暂时性视力障碍；（4）固定性视力障碍，常在婴儿初生时即视力不佳或是某种伤病的后遗症，这种视力障碍的病情程度固定不变。

按照损伤部位视力障碍又可以分为：同侧全盲（视神经损伤）、同侧眼鼻侧缺损（视交叉外侧部）、双眼颞侧偏盲（视交叉正中部）、双眼对侧视野同向性偏盲（视束）、双眼对侧视野同向偏盲（视辐射全部）、双眼对侧视野的同向上象限盲（视辐射下部）、双眼对侧视野的同向下象限盲（视辐射上部）、对侧同向偏盲及视觉失认（视中枢）。

目前进入高等教育阶段的视力障碍学生大多数都是固定性视力障碍，有先天性视力障碍，也有先天性盲，还有因为后天某种疾病而引起的视力不佳或者是视力损伤的学生，我们统称为视障学生。

二、视力障碍的发病原因

（一）视觉传导路

视力障碍的发病原因各种各样，想要了解视力障碍发生的具体原因，我们需要先了解什么是视觉传导路。视觉传导路是指视觉图像信号传导途径，简称视路，主要以视锥细胞和视杆细胞、双极细胞、节细胞、视神经为路径。视觉传导路径为：视网膜的视锥细胞和视杆细胞为感光细胞→双极细胞→神经节细胞→节细胞的轴突在神经盘处集合形成视神经→经视神经管入颅腔→视交叉→视束→（在视交叉处视神经纤维作不全交叉，来自两眼视网膜鼻侧半的纤维交叉，来自颞侧半的纤维不交叉；视束纤维绕过大脑脚，多数纤维止于外侧膝状体）外侧膝状体细胞→视辐射（经内囊后脚）→枕叶距状沟上、下的皮质（视觉中枢）。

（二）视觉传导路损伤引起不同视力障碍的症状

表 1-1 视觉传导路不同部位损伤引起不同症状一览表

损伤部位	症状
视神经损伤	同侧全盲
视交叉外侧部	同侧眼鼻侧缺损
视交叉正中部	双眼颞侧偏盲
视束	双眼对侧视野同向性偏盲
视辐射全部	双眼对侧视野同向偏盲
视辐射下部	双眼对侧视野的同向上象限盲
视辐射上部	双眼对侧视野的同向下象限盲
视中枢	对侧同向偏盲、视觉失认

个体由于先天性原因或者是后天某种疾病、意外等均会引起视觉传导路不同部位的损伤，进而引起视力障碍。原因不同，产生的症状也不尽相同（见表 1-1），这就要求我们在日常教学、生活过程中要详细了解所带班级里的视障学生视力损伤的具体原因，才能因材施教、区别对待，不可以一概全。

（三）常见视力障碍的诊断

1. 白内障

白内障是常见的眼病，也是致盲的主要原因之一，可按病因、发生年龄、晶体混浊的部位和形态进行分类，但无论哪种类型的白内障都可借助视力及晶体混浊情况予以确诊。若晶体混浊较轻，则须通过裂隙灯显微镜（由光源投射系统和光学放大系统组成，为眼科常用的光学仪器）检查才能确诊；若混浊明显，则借助手电即可观察到瞳孔区呈灰白色混浊。

（1）先天性白内障

先天性白内障又叫发育性白内障，大多数在个体出生前后即已存在，常伴有其他遗传性疾病。有内生性与外生性两类，内生性者与胎儿发育障碍有关，外生性者是由母体或胎儿的全身病变对晶状体造成损害所致。

（2）并发性白内障

并发性白内障是指由眼病变引起的白内障，常见眼病有青光眼、葡萄膜炎、视网膜脱离、视网膜色素变性、视网膜血管病等。晶体混浊常位于后囊呈褐色菊花型。

（3）全身病所致白内障

最常见的是青少年糖尿病性白内障，多双眼发病且进展迅速。早期晶体前后囊下出现点状或雪片状混浊，可在数周或数月内晶体完全混浊。

（4）低钙性白内障

低钙性白内障或称手足搐搦性白内障，可伴有甲状旁腺功能低下，呈多数白点或红、绿蓝色微粒结晶，混浊区与晶体囊之间有透明分界，重者可迅速完全混浊。

2. 机体疾病引起的眼底病变

对于视障人群来讲，很多时候并不是单纯的只是眼睛本身有损伤，可能是由于其他身体疾病而引起的眼底病变。这种情况的人群除了具有自身疾病的临床表现外，眼底的病变情况也差异较大。由于机体疾病引起的眼底病变在进行外眼检查时，大多数被检查者无任何变化，其症状主要是视力减退、视物变形、暗点等。

（1）视网膜动脉阻塞

视网膜动脉阻塞属眼科的急症，这种情况可能导致机体瞬间失明，如果得不到及时的抢救会造成永久性视力障碍。视网膜动脉阻塞单眼发病率较高，主要以左眼病变为主。根据阻塞部位不同，分为视网膜中央动脉阻塞和视网膜分支动脉阻塞。眼底的病变特点主要表现为缺血状态、动脉管径狭细、后极部视网膜呈乳白色水肿、黄斑中心有樱桃红点。

（2）高血压性视网膜病变

任何原因的血压增高都可能引起机体的眼底改变，其中包括视网膜病变、脉络膜血管改变以及视神经乳头水肿。高血压性视网膜病变导致的视力障碍程度与眼底病变的程度有关，多为双眼。眼底检查时，视网膜小动脉部分或普遍性缩窄管径不规则。由于血压急剧增高还可导致视网膜水肿出血和渗出物，若高血压持续进入严重阶段还会产生视神经乳头水肿。

（3）慢性肾炎性视网膜病变

慢性肾炎性视网膜病变引起的眼底表现和高血压性视网膜病变极其相似，特别是晚期高血压病有肾功能损害时，两者鉴别困难，因此必须结合病史临床表现及实验室检查全面分析。一般情况，慢性肾炎性视网膜病变眼底呈贫血状态的灰黄色调，水肿明显。

（4）糖尿病性视网膜病变

糖尿病性视网膜病变是糖尿病的严重并发症之一，也是导致机体视力障碍或失明的主要致病原因。眼底主要的临床表现为：静脉纤曲、充盈后极部出血点，微动脉瘤形成，以及黄白色硬性渗出物或有灰白色软性渗出物及出血斑。重者有视网膜新生血管，以致引起视网膜玻璃体出血，形成增殖性玻璃体视网膜病变及牵引性视网膜脱离。糖尿病性视网膜病变眼底荧光血管造影早期后极部可见微动脉瘤形成两点状高荧光及视网膜毛细血管扩张。

3. 视神经及视路病变

（1）视神经病变

① 视神经炎引起的视神经病变

当机体的炎症累及视神经乳头时，眼底表现为视乳头充血，边缘模糊，轻度肿胀，视力减退，视野向心性缩小或有中心暗点。如果机体的炎症累及视神经球后段时，个体除视力障碍及视野改变外，外眼、眼底均无阳性体征。

② 视神经乳头水肿

视神经乳头水肿常由颅内压增高引起，多为双侧。早期出现一过性视力朦胧，晚期视力减退。眼底检查时表现为视乳头隆起度较高，边缘不清，生理凹陷消失，视网膜动脉正常或较细静脉怒张；视野检查时表现为生理盲点扩大；眼底荧光血管造影检查时表现为视乳头上有扩张的毛细血管。

③ 缺血性视神经病变

缺血性视神经病变是由于视神经营养血管发生循环障碍所致的机体急性视神经疾病，可以分为前部缺血性视神经病变及后部缺血性视神经病变，两者均会出现突然视力障碍。前部缺血性视神经病变在进行眼底检查时，可伴有视神经乳头轻度水肿、色淡，有出血，血管正常或动脉稍细；视野检查时，常表现为象限性视野缺损；眼底荧光血管造影时，其特点为视乳头上的梗阻区与未梗阻区荧光强弱不对称。后部缺血性视神经病变早期眼底正常，视野检查有中心或中心盲点、暗点，水平或垂直偏盲，象限缺损或不规则周边缺损，晚期（4～6周后）可出现视神经萎缩。

（2）视路病变

机体的视路病变可引起视力障碍，但在进行外部检查时，视路病变是不易明确诊断的，视野检查是诊断视路病变较为有效的方法。炎症、外伤、异物、中毒、肿瘤均可导致机体的视路病变，根据视野变化可以初步判断病变部位，如视野缩小伴有中心暗点时，可考虑病变部位在视神经；双侧视野缺损提示病变在视交叉；双眼同侧视野缺损病变在对侧视束。

三、视力障碍的分级标准

（一）世界卫生组织制定的视障分级标准

1940 年，世界卫生组织（World Health Organization，WHO）开始对视力障碍或视力损伤人群给予高度的关注。直到 1973 年，世界卫生组织制定了视障的分级标准（1973 年版），便于世界各国针对低视力和全盲进行区分，各个国家根据自身的实际情况，在世界卫生组织制定的视障分级标准（1973 年版）基础之上进行修订和改进[2]，提出适合自己国家的视障人群分级标准，详见表 1-2。

表 1-2 世界卫生组织制定的视障分级标准（1973 年版）

类别	级别	最佳矫正视力（双眼中的最好视力最准）	
		等于或高于	低于
低视力	1	0.1	0.3
	2	0.05（3m 指数）	0.1
盲	3	0.02（1m 指数）	0.05
	4	光感	0.02
	5	无光感	

资料来源："低视力学"第三版。

注：中心视力好，但视野小，以注视点为中心，视野半径大于 5 度小于 10 度视为 3 级盲；视野半径小于 5 度视为 4 级盲。

2003 年，世界卫生组织在日内瓦组织并召开《制定视力丧失和视功能特征标准》的专家咨询会议上，提出日常生活远视力（指一个人在日常屈光状态下所测远视力），在 1973 年版的世界卫生组织视障分级标准的基础之上，进一步确定了《最新版视力损伤分级标准》，见表 1-3。

表 1-3　最新版世界卫生组织视觉损伤分类标准（"低视力学"第三版）

分类	日常生活远视力	
	等于或高于	低于
轻度或无视力损伤（0）	6/18 3/10（0.3） 20/70	
中度视力损伤（1）	6/60 1/10（0.1） 20/400	6/19 3.2/10（0.3） 20/63
重度视力损伤（2）	3/60 1/20（0.05） 20/400	6/60 1/10（0.1） 20/400
盲（3）	1/60 或 1m 指数 1/50（0.02） 5/300（20/1200）	3/60 1/20（0.05） 20/400
盲（4）		1/60 1/50（0.02） 5/300（20/1200）
盲（5）	无光感	

注：日常生活远视力，比如受检查者未佩戴矫正眼镜，则检查裸眼视力；受检查者佩戴远用矫正眼镜，并经常配用，则检查戴镜后的视力；受检查者佩戴远用矫正眼镜，但并不经常戴用，则检查裸眼视力。

（二）我国制定的视障分级标准

目前我国针对视障的分级标准有两种，一种是 1987 年全国残疾人抽样调查标准，另外一种是 2006 年第二次全国残疾人抽样标准。依据 1987 年第一次全国残疾人抽样调查标准，视力残疾指由于各种原因导致双眼视力障碍或视野缩小，而难以做到一般人所能从事的工作、学习或其他活动，通常包括盲和低视力两类。其中盲又被分为一级盲和二级盲；低视力分为一级低视力和二级低视力。

2006 年第二次全国残疾人抽样调查标准中，视力残疾指由于各种原因导致双眼视力低下并且不能矫正或视野缩小，以致影响其日常生活和社会参与，根据视力残疾程度的轻重，可将视力障碍分为盲（一级、二级）和低视力（三级、四级）两个类别。据中国残联统计，全国残疾人总数为 8502 万人，视力残疾 1263 万人，大约占 15%。比较两次残疾人抽样调查对残疾人的定义，2006 年的更符合现代残疾观的要求，我国目前对视力障碍的界定普遍采用于 2006 年全国残疾人抽样调查中的标准（见表 1-4）：

表 1-4　我国 1987 年和 2006 年全国残疾人抽样调查视障分级标准

类别	级别		最佳矫正视力	
	1987 年	2006 年	1987 年	2006 年
盲	一级盲	一级	< 0.02- 无光感；或视野半径 < 5 度	无光感 < 0.02；或视野半径 < 5 度
	二级盲	二级	< 0.05-0.02；或视野半径 < 10 度	0.02 < 0.05；或视野半径 < 10 度
低视力	一级低视力	三级	< 0.1-0.05	0.05 < 0.1
	二级低视力	四级	< 0.3-0.1	0.1 < 0.3

注：1. 盲或低视力均针对双眼，如果双眼的视力不同，则以视力较好的一侧眼为准。

　　2. 最佳矫正视力是指以适当镜片矫正后可以达到的最好视力。

　　3. 以注视点为中心，视野半径小于 10 度的人群，无论视力如何，均视为盲。

四、视力障碍的评估方法

（一）视力检查

视力是指视网膜分辨影像的能力，是视觉功能好坏的一个重要指标，由视网膜分辨影像能力的大小决定。视力分为中心视力、周边视力和立体视力。

1. 中心视力

中心视力就是我们日常所说的"视力"，即查看视力所确定的视力水平，包括远视力（在 5 米以外看视力表）和近视力（在 30 厘米处看视力表）。在我们日常的健康检查过程中，视力检查是一项必查项目，主要是检查远视力。远视患者的表现是远视力比近视力好；近视患者则相反，即近视力比远视力好；散光患者的远视力和近视力均不好。当远近视力达到 0.9 以上时，才能说明其中心视力正常。

2. 周边视力

当眼睛注视某一目标时，非注视区所能见得到的范围是大还是小，这就叫周围视力，也即人们常说的"眼余光"。一般来说，正常人的周围视力范围相当大，两侧达 90 度，上方为 60 度，下方为 75 度。近视、夜盲患者的周围视力比较差，一些眼底疾病也可以致周围视力丧失。

3. 立体视力

立体视力是一类最高级的视力，即在两眼中心视力正常的基础上，通过大脑两半球的调和，使自己感觉到空间各物体之间的距离关系。有些人中心视力正常，但立体视力却异常，这在医学上称之为立体盲。3D 立体视觉训练系统可以有效地恢复弱视儿童双眼立体视功能。

虽然我们通常只是检查中心视力，但在医学上，只有当中心视力、周围视力和立体视力都符合生理要求时，才能算作视力正常。

（二）视野检查

1. 检查方法

视野检查法分为动态检查与静态检查。一般视野检查属于动态检查，是利用运动着的视标来测定相等灵敏度的各点，所连之线称等视线，记录视野的周边轮廓。静态检查则是测定子午线上各点的光灵敏度阈值，连成曲线以得出视野缺损的深度概念。

日常检查中，医护人员与病人相距 1 米，面对面坐着，会让患者的左眼看医护人员的右眼或患者的右眼看医护人员的左眼（彼此注视），双方眼睛保持在同一水平高度。将病人的一眼遮盖，医护人员可以将自己的手伸出，在患者眼前来回摆动，在两人之间从各个方向的外周向中心移动，当患者觉察医护人员手指出现的刹那立即告知医护人员，如患者能在各个方面与医护人员同时看到手指，这说明患者的视野基本正常。

2. 视野检查所需测量仪器

电脑视野检查仪是用于生理教学测定眼球视野和用于医学眼科神经做必要测定的一种眼科专业仪器，主要由微机系统、打印机、视野刺激器（主机）等构成。随着科技的发展，目前一体化全自动电脑视野仪已经开始广泛被运用（如图1-1）。市面上的电脑视野检查仪可以进行以下几种检测。

（1）定量检测：黄斑功能检测、中央30度检测、象限视野检查，周边90度自设阈值检测、青光眼检测、糖尿病视野检测、生理盲区范围检测、自定义范围检测可组成 0 ~ 90 度范围内的数十种检测方式。

（2）定性检测：周边筛选检测、0 ~ 75 度筛选检测、0 ~ 90 度自设筛选检测、自定筛选检测、青光眼筛选检测、中央视野筛选检测。

（3）特殊检测：神经病学视野检测、鼻侧阶梯检测、中央低视力检测、上睑下垂视野检测、颞侧新月形检测、生理盲区检测。

（4）中央视野快速阈值检测、周边视野快速阈值检测。

（5）0～90度视野检查一次完成。

第二节　视障学生接受高等教育的政策、法规与权利

一、视障学生接受高等教育的相关政策

教育是人类文明进步的基石，我们每一位公民都有受教育的权利。现在各行各业都在讲社会公平，而教育公平就是社会公平的起跑线。其中，特殊人群的教育亦是教育体系的重要组成部分，包括视障学生在内的所有残障学生都有接受高等融合教育的权利，残障人群得到社会重视，在受教育过程中与普通学生深入融合这标志着社会文明的进步，特殊教育的质量也关系到特殊学生的全面发展。

我国残障学生接受高等教育起步较晚，目前处于从规模效应走向质量提升的过渡阶段。1951年，我国出台了《关于学制改革的决定》，规定设置专收聋哑、盲人等的特种学校，标志着特殊教育成为新中国国民教育体系中的一个重要组成部分。在陆续出台普通高校残障学生入学保障相关政策的同时，也开始在全国建设特殊教育学院。

（一）《国务院办公厅关于进一步加强残疾人体育工作的意见》

2007 年国务院办公厅颁布了《国务院办公厅关于进一步加强残疾人体育工作的意见》（下文简称《意见》），强调充分认识残疾人体育工作的重要意义："（1）残疾人体育是残疾人事业和全民体育的组成部分。参加体育活动是残疾人的重要权利，是残疾人康复健身、平等参与社会、实现自身价值的重要途径。（2）发展残疾人体育有利于促进残疾人事业发展。残疾人体育对于展示残疾人体育才华，激励残疾人自尊、自信、自强、自立，倡导社会理解、尊重、关心、帮助残疾人具有重要作用。（3）发展残疾人体育有利于弘扬爱国主义、集体主义和革命英雄主义思想，激励自强不息的民族精神。（4）残疾人体育是我国向世界展示经济社会发展成就，彰显人权保障和社会文明进步成果的重要舞台。"[①]《意见》的颁布，将我国残疾人体育事业正式与全面体育放在同样重要的位置，呼吁学校、家庭、社区对残疾体育事业的重视和大力支持。

（二）《关于促进残疾人事业发展的意见》

2008 年，中共中央、国务院颁布《关于促进残疾人事业发展的意见》，进一步强调促进残疾人全面发展的重要性："发展残疾人教育，鼓励从事特殊教育，加强师资队伍建设，提高特殊教育质量。完善残疾学生的助学政策，保障残疾学生和残疾人家庭子女免费接受义务教育。发展残疾儿童学前康复教育，加快发展高中阶段特殊教育，鼓励和支持普通高等学校开

---

① 国务院办公厅关于进一步加强残疾人体育工作的意见［J］.中华人民共和国国务院公报，2007，000（17）：31-32.

办特殊教育专业。逐步解决重度肢体残疾、重度智力残疾、失明、失聪、脑瘫、孤独症等残疾儿童少年的教育问题。采取多种措施扫除残疾青壮年文盲。积极开展残疾人职业教育培训，有条件的地方实行对残疾人就读中等职业学校给予学费减免等优惠政策。支持师范院校培养特殊教育师资。实施中西部地区特殊教育学校建设工程，落实特殊教育学校教师特殊岗位津贴政策。各级各类学校在招生、入学等方面不得歧视残疾学生。"①《关于促进残疾人事业发展的意见》特别强调了重度肢体残疾、重度智力残疾、失明、失聪、脑瘫、孤独症等残疾儿童少年的教育问题，全纳教育正在一步一步实现，残障学生接受教育干预、考上理想学府的愿望也即将实现。

（三）《全民健身条例》及《2001——2010年体育改革与发展纲要》

为了促进全民健身活动的开展，保障公民在全民健身活动中的合法权益，提高公民身体素质，由国务院制定的《全民健身条例》于2009年8月30日公布，自2009年10月1日起施行的行政法规。第二章《全面健身计划》中的第八条强调："制订全民健身计划和全民健身实施计划，应当充分考虑学生、老年人、残疾人和农村居民的特殊需求。"《全民健身条例》进一步突出全面健身的真正含义，我们要充分考虑到每一位公民健身方面的现实需求，并努力去解决，以期增强全民身体素质，这是我们全面健身的最终目标。

---

① 中共中央、国务院关于促进残疾人事业发展的意见［J］.中华人民共和国国务院公报，2008（15）：5.

国家体育总局颁布《2001——2010年体育改革与发展纲要》中提道："我们要重视老年人、残疾人体育，为保证他们参加体育活动，体育组织要有力帮助。新建体育场馆要充分考虑到他们的特殊性。在体育教学与体育组织方面，要提供科学规范地指导。"可见，残障人群的教育问题及体育现实需求问题越来越受到政府的重视。

（四）《残疾人体育工作"十一五"实施方案》

2006年《残疾人体育工作"十一五"实施方案》中提出："要提高各类残疾人参与体育活动的积极性。要加快残疾人体育的科学研究，加快发展残疾人体育设施建设，大力开展残疾人体育科学研究，特别要注重对特殊学校的体育教学研究活动。"

（五）《国务院办公厅转发中国残联等部门和单位关于加快推进残疾人社会保障体系和服务体系建设指导意见的通知》

在2010年《国务院办公厅转发中国残联等部门和单位关于加快推进残疾人社会保障体系和服务体系建设指导意见的通知》中提道："残疾人要积极参与体育活动，特殊教育学校、各类残联组织等重点体育工程中，要包含有为残疾人服务的内容。"2014年，习近平在第五次全国自强模范暨助残先进集体和个人表彰大会上强调要不断保障残疾人的合法权益，要实现社会主义的公平正义，更加应该尊重残疾人公民权利，确保其能够被公平对待，保护他们的合法权益不受损害。

（六）《特殊教育提升计划》

1.《特殊教育提升计划（2014—2016 年）》

教育部、发展改革委、民政部、财政部、人力资源社会保障部、卫生计生委、中国残联等部门联合提出《特殊教育提升计划（2014—2016 年）》，国务院办公厅 2014 年 1 月 8 日予以转发，这也是落实《国家中长期教育改革和发展规划纲要（2010—2020 年）》的一部分。《特殊教育提升计划（2014—2016 年）》的总目标："全面推进全纳教育，使每一个残疾孩子都能接受合适的教育。经过三年努力，初步建立布局合理、学段衔接、普职融通、医教结合的特殊教育体系，办学条件和教育质量进一步提升。建立财政为主、社会支持、全面覆盖、通畅便利的特殊教育服务保障机制，基本形成政府主导、部门协同、各方参与的特殊教育工作格局。到 2016 年，全国基本普及残疾儿童少年义务教育，视力、听力、智力残疾儿童少年义务教育入学率达到 90% 以上，其他残疾人受教育机会明显增加。"《特殊教育提升计划（2014—2016 年）》的提出，对于特殊教育的发展具有非常重大的意义，不仅提出发展特殊教育具有重大意义，在提出发展特殊教育总体目标的基础之上，详细地列出了 2014-2016 年的具体举措（如图1-1）。

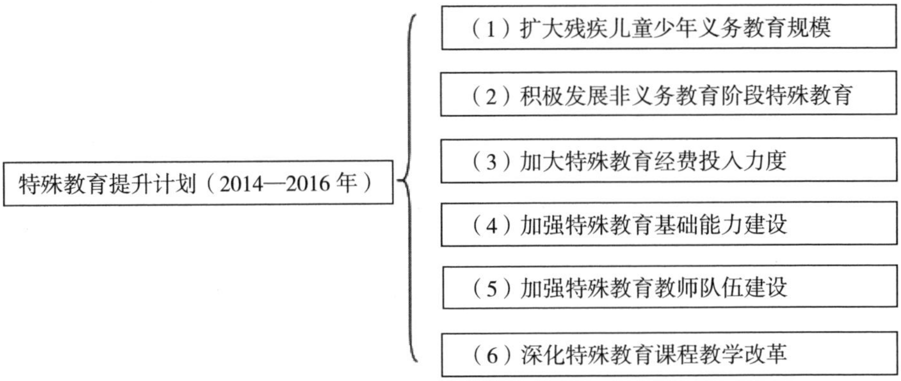

图1-1 《特殊教育提升计划（2014—2016年）》重要举措示意图

　　《特殊教育提升计划（2014—2016年）》发布以来，各地按照党中央、国务院的决策部署，认真实施《特殊教育提升计划（2014—2016年）》，残疾人受教育机会不断扩大，普及水平明显提高；财政投入大幅增长，保障能力持续增强；教师队伍建设和课程教材建设取得显著成效，教育质量进一步提升。但是，残疾儿童少年义务教育在中西部农村地区（特别是边远贫困地区）普及水平仍然偏低，非义务教育阶段的特殊教育发展整体相对滞后，特殊教育条件保障机制还不够完善，教师队伍数量不足、待遇偏低、专业水平有待提高。

　　2.《第二期特殊教育提升计划（2017-2020年）》

　　为全面贯彻党中央、国务院关于办好特殊教育的要求，落实《国家教育事业发展"十三五"规划》《"十三五"加快残疾人小康进程规划纲要》，进一步提升特殊教育水平，在《特殊教育提升计划（2014—2016年）》的基础之上，2017年7月17日教育部、国家发展改革委、民政部、财政部、人力资源社会保障部、卫生计生委、中国残联联合发布了《第二期特殊教育提升计划（2017—2020 年）》（如图 1-2 所示）。

由此，在巩固《特殊教育提升计划（2014—2016 年）》成果的基础之上，进一步提升残疾人受教育水平是推进教育公平、实现教育现代化的重要任务，是增进残疾人家庭福祉、加快残疾人进入小康水平的重要举措。各级政府要充分认识实施二期提升计划的重要意义，履职尽责，攻坚克难，持续推进特殊教育改革发展。

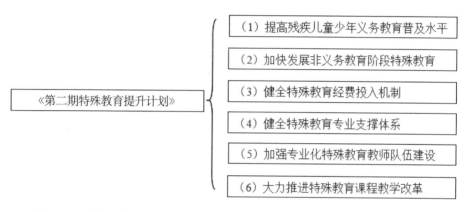

《第二期特殊教育提升计划》

（1）提高残疾儿童少年义务教育普及水平

（2）加快发展非义务教育阶段特殊教育

（3）健全特殊教育经费投入机制

（4）健全特殊教育专业支撑体系

（5）加强专业化特殊教育教师队伍建设

（6）大力推进特殊教育课程教学改革

图 1-2　《第二期特殊教育提升计划（2017-2020 年）》重要举措示意图

（七）《关于加强残疾儿童少年义务教育阶段随班就读工作的指导意见》

2020 年教育部印发《关于加强残疾儿童少年义务教育阶段随班就读工作的指导意见》（以下简称《指导意见》），对新时代进一步加强随班就读工作，完善随班就读工作机制，提升随班就读工作水平做出部署。

《指导意见》坚持普特融合、提升质量，实现特殊教育公平而有质量发展，促进残疾儿童少年更好融入社会生活。教育部 2021 年工作要点强调要进一步提升特殊教育发展水平，进一步巩固和提高特殊教育普及水平，完善特殊教育保障机制，提升特殊教育教学质量。

伴随《国务院办公厅关于进一步加强残疾人体育工作的意见》《关于促进残疾人事业发展的意见》《全民健身条例》等一系列政策法规的出台，使残疾人群在加强体育锻炼、提高生活质量、改善体质状况等方面有了切实保障。尤其在"十二五"期间，党和政府将残疾人自强健身全面纳入社会基本公共服务。

如何提高残障人群的体育活动参与是一个重要的课题，在解决这个问题之前，我们必须要了解，残障人群对于体育活动的现实需求到底是什么；在日常参与体育活动过程中，影响残障人群体育参与的主要因素有哪几个方面；我们如何去解决或改善这一系列残障人群体育参与的影响因素，由此最终改善残障人群的体育活动参与环境、促进残障人群的活动参与。

二、视障学生接受高等教育的法律法规

国家相关法律法规的不断完善和健全，证明党和政府越来越重视残疾人群。相关法律法规和文件的颁布、实施是推动我国残疾人体育事业发展的根本保障，它体现了政府对平等人权的重视，同时体现了社会对弱势群体的人文关怀。尽管我国残疾人法律保障体系已基本建立，但并不意味着残疾人权力保护的立法工作已经完成。从以上法律、法规和文件中对有关残疾人体育发展规划的论述中可以看出，其中绝大部分是关于残疾人群众体育和残疾人竞技体育的规定，关于残疾人体育教育工作的规定较少，而有关特殊学校体育教育工作的法律、法规和文件更为少见，具体且适应21世纪以"健康第一"为指导思想的特殊学校体育课程计划、课程标准、教

材等法规文件几乎没有出现。

自 1986 年开始，我国颁布的《中华人民共和国义务教育法》《中华人民共和国残疾人保障法》和《中华人民共和国体育法》中就着重强调了要保障残疾人享有体育健身的权利；《残疾人权利公约》则强调了残疾人群接受高等教育的权利。

（一）《中华人民共和国义务教育法》

1986 年 4 月 12 日由第六届全国人民代表大会第四次会议通过的《中华人民共和国义务教育法》于 1986 年 7 月 1 日起正式施行。《中华人民共和国义务教育法》的实施保障了适龄儿童、少年接受义务教育的权利，保证义务教育的实施，提高全民族素质。《中华人民共和国义务教育法》第十九条："县级以上地方人民政府根据需要设置相应的实施特殊教育的学校（班），对视力残疾、听力语言残疾和智力残疾的适龄儿童、少年实施义务教育。特殊教育学校（班）应当具备适应残疾儿童、少年学习、康复、生活特点的场所和设施。普通学校应当接收具有接受普通教育能力的残疾适龄儿童、少年随班就读，并为其学习、康复提供帮助。"[3]

（二）《中华人民共和国残疾人保障法》

1990 年 12 月 28 日第七届全国人民代表大会常务委员会第十七次会议通过了《中华人民共和国残疾人保障法》，详细阐述了残疾人群的康复、教育、劳动就业、文化生活、社会保障、环境支持和法律保护等问题。其中，第二十五条明确指出："普通小学、初级中等学校，必须招收能适应其学习生活的残疾儿童、少年入学；普通高级中等学校、中等职业学校和高等学校，必须招收符合国家规定的录取要求的残疾考生入学，不得因其残疾而拒绝招收；拒绝招收的，当事人或者其亲属、监护人可以要求有关部门处理，有关部门应当责令该学校招收"[4, 5]。维护了残疾人的合法权益，发展残疾人事业，保障残疾人平等地充分参与社会生活。2008年修订的《残疾人保障法》第五十四条规定："国家举办的各类升学考试、职业资格考试和任职考试，有盲人参加的，应当为盲人提供盲文试卷、电子试卷或者由专门的工作人员予以协助。"2012年6月，国务院发布的《无障碍环境建设条例》第二十条重申了这个规定，可见政策能否得以执行也将是考生所面临的不确定来源之一。2014年2月10日的《教育部关于做好2014年普通高校招生工作的通知》（教学〔2014〕1号）在《2014年普通高等学校招生工作规定》第"五、考试"部分的第14条指出："各级考试机构要为残疾人平等报名参加考试提供便利。有盲人参加考试时，为盲人考生提供盲文试卷、电子试卷或者由专门的工作人员予以协助"。虽然只是重申了2008年修订的《残疾人保障法》及2012年《无障碍环境建设条例》的有关条款，但实现了法律法规从文本走向实践的政策过程[6]。

（三）《中华人民共和国体育法》

1995年8月29日第八届全国人民代表大会常务委员会第十五次会议通过的《中华人民共和国体育法》第十六条："全社会应当关心、支持老年人、残疾人参加体育活动。各级人民政府应当采取措施，为老年人、残疾人参加体育活动提供方便。[7, 8]"《中华人民共和国体育法》的颁布标志着中国体育工作开始进入依法行政、以法治体的新阶段，这是新中国体育事业发展的一座里程碑。首次将残疾人体育活动参与作为立法内容。

（四）《残疾人权利公约》

我国政府于2008年批准并签字联合国《残疾人权利公约》(以下简称《公约》)，《公约》的签署标志着我国的残障事业进入了以权利为本的新时代。《公约》禁止一切基于残障的歧视，其中第二十四条强调了残障人群的教育问题，明确要求："缔约国确认残疾人享有受教育的权利。为了在不受歧视和机会均等的情况下实现这一权利，缔约国应当确保在各级教育实行包容性教育制度和终生学习。"为了实现残障人群这一权利，"缔约国应当确保，残疾人能够在不受歧视和与其他人平等的基础上，获得普通高等教育、职业培训、成人教育和终生学习。为此目的，缔约国应当确保向残疾人提供合理便利"[9]。

以上相关法律、法规及文件，绝大部分是关于残疾人群众体育和竞技体育的规定，而关于残疾人体育教育以及特殊教育学校体育工作的规定较少，并且大都是从宏观上论述，缺少具体的学校体育课程计划和课程标准以及教材等方面的法规和文件。所以，研究和制定具体的特殊教育学校体育工作方面的法规与文件显得特别迫切。当下，我们要发展具有中国特色的视障人群教育模式，并积极推动视障人群教育向融合教育转型，在实现中华民族伟大复兴的中国梦的进程中，努力维护视障人群的合法权益，进一步助力我国视障人群教育事业发展。

三、视障人群参加高考的权利争取与实现

普通高考是我国最重要的选拔性教育考试，虽然国际方面和国家方面已经出台了一系列的法律法规，但是盲人与普通学生一起参加高考的问题

一直没有很好地解决。2014 年，教育部、中残联为了给盲人提供公平的高考机会，首次使用了盲文试卷，然而这第一次盲人的高考机会，却来之不易，这是经过了一系列的政策调整和多少人的努力才得以实现。

采用随班就读的方式可以充分利用普通高校的教育资源，高等教育阶段的视障学生随班就读可以避免专业的重复建设，也可以让残疾人接触和使用更丰富的学术资源。更为关键的是，随班就读在日常学习和生活过程中，可以有效地促进普通人与残疾人的深度融合教育。从全球残障人群接受高等教育的趋势以及残疾人自身的现实需求来看，隔离式的教育（视障学生在专门的特殊教育院校进行学习）并不能代表主流的教育方向。视障学生可以参加普通高考对社会的影响是多元的，可以改变教育者、受教育者及其家长的教育预期，可以影响盲校的教学与职业训练安排，促使高校在接纳视障学生时考虑好做出什么样的准备，影响普通大众对视障者的认知，等等。

在 2014 年的高考中，教育部首次使用盲文试卷为盲人安排了一场盲人高考，参加考试的河南考生李金生是 2014 年全国唯一报名参加普通高考的盲人。盲人考试使得高考更具人性化，让不便利者拥有了与他人相同的机会。2014 年李金生成功地参加高考，虽然只交了白卷，但是标志着盲人普通高考权的争取与实现，可以视为视力障碍人群为了可以接受高等教育回归主流而付出的努力，残疾人高等教育的发展模式问题呈现为公共议题。

实际上，在 2014 年教育部首次为盲人安排了一场盲人高考之前，少数的盲人一直在争取平等的考试权益而努力。在 2003 年，上海市有三名盲生通过单招单考的特殊考试形式被上海师范大学录取；2004 年起，部分盲人考生申请参加高考，但是该问题未得到解决；2008年，《残疾人保障法》修订，其中第54条规定，国家的各类升学考试应该为参加考试的盲人提供盲文试卷；2014年，教育部正式下发文件宣布启动盲人高考。

2014年是第一次为盲人准备的高考，虽然该生考试效果并不理想，但对于中国高考制度而言，这是一次非常有益的探索。既尊重了盲人参加高考的基本权利，又为进一步完善盲人高考提供了一系列的思路，能够让教育的公平惠及更多的人，同时还能点亮盲人群体的心灵之灯，从而引领盲人走向坚强而积极的人生。

经典案例：

2014年，是盲人高考的历史元年，因为争取盲人高考权而备受关注的河南盲人李金生，在好友的欢送和媒体记者聚焦下，走进了位于家乡确山县的考场。作为河南盲人高考第一人，也是2014年全国唯一一名报名参加普通高考的盲人考生，他深藏心中20多年的高考夙愿得以实现。李金生激动地表示，如果能够考上大学，自己的梦想是学法律，将来当一名律师，为残疾人伸张正义，将来要实现梦想会有很多困难，但他认为只要自己坚持努力，办法总比困难多。

46岁的李金生是河南省确山县农民，高中毕业后因病双目失明。由于当时盲人无法参加高考，他不得不像其他盲人一样学习了按摩，并且一直以此为生。11年前，他通过不懈努力，报名参加了当年的自学考试，成为盲人自考河南第一人，并为全国的盲人争取到了参加自学考试的政策和权利。2013年，他又开始争取参加普通高考的权利。同样经过坚持不懈的争取，他拿到了参加2014年普通高考的资格。

2014年6月8日下午5点35分，河南确山县，在两名工作人员的引领下，李金生戴着墨镜，握着盲杖，胸前别着红花，走出考场，结束了这场被视为具有里程碑意义的高考。

李金生是今年全国唯一一名报名参加普通高考的盲人考生，也是河南省第一位参加高考的盲人考生。然而，他却交了两门白卷，引发社会争议。有人说，他参加高考是作秀，是对公共资源的浪费；也有人说，权利远比成绩重要，交白卷也无损关注残疾人高考权益的破冰意义。①

第三节 视障学生的高等教育

一、视障学生高等教育的目标与意义

（一）视障学生高等教育的目标

视障学生接受高等教育的目标是充分考虑视障学生的身心特点，以满足视障学生现实诉求为目的，让视障学生与普通学生在平等的教育环境下接受教育，使视障学生在可以跟普通学生一起学习、掌握专业知识和技能的同时，形成健康的心理素质和团队协作意识，提高视障学生的社会交往和社会适应能力，使他们成为综合素质较高、专业能力较强、具有独立人格的社会成员。

---

① 中国残疾人网. 一场"私人订制"式盲人高考意义何在［EB/OL］.［2014-06-11］. http://chinadp.net.cn/news_/depth/2014-06/11-13245.html.

（二）视障学生高等教育的意义

视障学生接受高等教育不仅仅是学习知识、掌握运动技能那么简单，视障学生接受高等教育的现实意义是深远的：对于教育公平来说，能够做到特殊人群的教育公平才是教育公平的完美呈现；对于视障学生本身来说，能够与普通学生在同一个校园里学习、生活，运动，这本身就是一件幸福的事；对于视障学生的父母来说，自己的孩子不被"边缘化"，可以融入大学校园的"大家庭"，应该是最能让他们心里得到慰藉的方式。

二、视障学生高等教育的必备条件

（一）专业师资

与普通教师的专业发展历程一样，视障学生的授课教师也要经历专业形成阶段、专业成长阶段、专业成熟阶段和充分专业化阶段四个阶段。由于视障学生是个特殊的群体，要求授课教师在具备学科基础知识（内容知识、一般教学法知识、课程知识、学科教学法知识）和专业素养（学习者及其特征知识、教学情境脉络知识等）的基础之上，要树立融合意识，才可以完成视障学生的教育教学工作。这不仅对教师本身提出了更高的要求，也对学校行政部门提出了一定的要求，学校行政部门要建立一套视障学生授课教师的管理与保障制度。

（二）无障碍设施

视障学生的教学环境应该更加注重人性化、在充分考虑视障学生身心特征的基础之上，满足视障学生的现实诉求（视障学生自身想要进行什么样的运动项目、自身的实际情况可以进行什么样的运动项目），以此建立无障碍的学习、生活和体育活动空间，才能促进视障学生的全面发展。例如，建立视障学生无障碍运动空间，让视障学生可以在一个安全无障碍的空间里面进行一些运动锻炼；建立无障碍学习空间，配备盲人计算机、盲人书籍等，帮助视障学生更好地投入学习中。

三、视障学生高等教育具备的特点

（一）受教育人口基数少

我国高等教育进入大众化时期，而接受高等教育的残疾人适龄毛入学率还不足 1%，与非残疾学生相比差距巨大，这说明残疾人群面临高等教育入学机会的不平等。盲人参与高考的人数更是少之又少，2014 年我国才有第一位参加高考的盲人考生，直到 2021 年当年也仅有 11 位盲生参与高考。

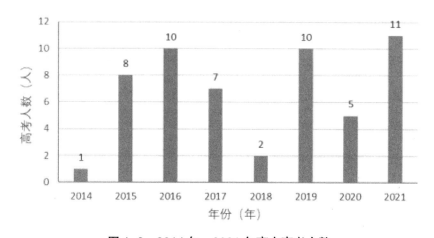

图 1-3 2014 年—2021 年盲人高考人数

由上图可知，虽然高考已经对盲人开放，但是参加盲人高考的人数少之又少，大部分的视障学生依然选择学校单招特招的通道进行考试。由此，可以看出我国盲人参加高考成为普遍现象还有一段很长的路要走。

（二）学生个体间差异大

1.导致视力障碍的原因不同

视力障碍是一种常见的眼科疾病，发病原因较多，主要为：屈光不正、白内障、青光眼、黄斑变性、角膜混浊、糖尿病视网膜病变、儿童盲症、沙眼以及其他等，多伴随其他疾病发生。刚开始人们对视障学生的认识比较浅显，大部分人都会认为视障学生只是看不到而已，随着对视障学生的深入了解可以发现，很多视障学生并不是单纯的只有眼睛看不到，也可能是由于其他内在疾病引起的，比如因脑瘤、白化病、脊柱侧弯而导致的视力障碍等。每一位学生的身体情况都不一样，这对体育授课教师提出了更高的要求，要十分了解授课学生的实际情况，并针对性地采取教学手段和方法。比如白化病的视障学生不能像其他的视障学生一样进行室外体育课，只能进行室内的一些运动项目；有的视障学生是由于脑瘤引起的视力障碍，像这种情况，就不能进行剧烈的运动项目，在体育课上只能让学生进行一些低强度的运动，比如说沿着运动场进行散步等。

2.视力障碍发生的时间

视力障碍的学生有的是先天性失明，也有学生是后天由于各种原因而导致的视力损伤或者失明，两种情况的学生在日常学习和进行体育活动时的状态存在一定的差异。相比后天失明人群，先天性失明人群在学习、生活各个方面的发展更加缓慢，这是因为后天失明人群在失明之前拥有一段"感光时光"，如果这个阶段接受了教育干预和一定的特殊训练，可以帮助积累很多视觉经验，基本动作技能可以得到一定程度的发展。而先天性失明人群从出生就没有视觉体验，只能靠触摸觉的训练来感受这个世界，通过触摸觉来学习动作、语言、空间定向等。离开了视觉的参与，这一系列的学习内容都变得那么艰难。值得庆幸的是，一般先天性失明人群的触摸觉会比后天失明人群的更加灵敏，通过这种"补偿效应"，也给先天性失明人群的学习带来一定的"便利"作用。

3. 接受教育的时间不同

由于家庭教育观念、疾病发生时间不同等原因，视障学生接受教育的时间不同，这会导致学生各个方面能力的发展具有显著的差异性。有的家长会认为自己的孩子视力障碍，就需要照顾，不会让自己的孩子到学校里进行被教育；而有的家长会认为自己的孩子虽然有视力障碍，但是他仍然是个正常的孩子，应该像其他普通孩子一样受到教育，早早地让自己的孩子受到干预。早期干预对特殊儿童各项能力发展的促进意义是显而易见的，这一观点已经得到各个国家特殊教育领域专家的一致认可。个体的每一项能力都具有发展敏感期，视障人群接受教育干预的时间越早，各项能力的发展就会更加顺利，尤其是对正处于发展敏感期的能力进行教育干预，效果更加明显，如果教育干预的时间处于非发展敏感期的阶段，则干预效果会被削弱。

4. 学生的人格特质不同

人格特质是指在组成人格的因素中，能引发人们行为和主动引导人的行为，并使个人面对不同种类的刺激都能做出相同反映的心理结构。

目前有关人格特质分类理论主要有以下几种。

（1）奥尔波特的人格特质论

首要特质是一个人最典型、最具概括性的特质，如林黛玉的多愁善感；中心特质是构成个体独特性的几个重要特质，在每个人身上大约有 5-10 个中心特质，如林黛玉的清高、聪明、孤僻、抑郁、敏感等，都属于中心特质；次要特质是个体不太重要的特质，往往只有在特殊情境下才表现出来，如有些人虽然喜欢高谈阔论，但在陌生人面前则沉默寡言。

（2）卡特尔的人格特质论

卡特尔用因素分析法提出了 16 种相互独立的根源特质，并编制了《卡特尔 16 种人格因素测验》（16PF）。这 16 种人格特质是：乐群性、聪慧性、情绪稳定性、恃强性、兴奋性、有恒性、敢为性、敏感性、怀疑性、幻想性、世故性、忧虑性、激进性、独立性、自律性、紧张性。

（3）现代五因素特质理论

现代五因素特质理论认为主要有情绪稳定型（焦虑、敌对、压抑、自我意识、冲动、脆弱）；外向型（热情、社交、果断、活跃、冒险、乐观）；开放型（想象、审美、情感丰富、求异、智能）；随和型（信任、直率、利他、依从、谦虚、移情）；谨慎型（胜任、条理、尽职、成就、自律、谨慎）等五种特质。

（4）艾森克的人格三因素模型

艾森克的人格三因素模型认为主要有以下三种模型：外倾型（extraversion），它表现为内、外倾的差异；神经质（neuroticism），它表现为情绪稳定性的差异；精神质（psychoticism），它表现为孤独、冷酷、敌视、怪异等偏于负面的人格特征。

不同人格特质的视障学生在体育课中的表现不一样，对体育教师的教学手段做出的动作、情绪反映也不同。同一位教师采用同一种教学方法，不同人格特质类型的学生会有不同的反映，外向的学生可能会较好地融入教师预设的教学环境当中，但是谨慎型或者是敏感型的学生可能需要教师更加用心地引导才可以慢慢融入环境。

（三）多数为小班教学

正如前面提到的，视障学生的个体差异性较大，每一位学生的发病原因、视力程度、发病程度和时间、接受教育的时间及人格特质都不相同，每一年招收人数也偏少，所以视障学生的体育活动课大部分是以小班教学为主。虽然每个班级可能只有五六个学生，但是这五六个学生可能也要分成五六个等级，体育教师要进行不同层次、不同内容体育活动的授课。比如，定向行走的授课内容，刚开始的时候由于学生对周边环境不是非常熟悉，会产生恐惧的心理，需要体育教师采用人盯人战术，采用牵引绳一对一地领走或领跑，同时又需要确保其他同学的安全。

（四）专业的选择受限

招收视障学生的高等院校为学生提供的专业有限，学生进入大学之后只能选择某些特定的专业，与国外的全纳教育相比，我国视障学生在高等院校阶段专业选择的范围要小得多。例如，与美国国家聋人工学院和俄罗斯鲍曼技术大学聋人中心聋人可以选择全校所有专业相比，我国天津理工大学聋人工学院学生只能选择现有的两个专业及学校提供的辅修专业；上海师范大学对视障学生开设的专业相对较多，但是目前也只有社会工作、公共管理类、英语、应用心理学，法学（按照招生人数排序）。从总体来看，我国视力障碍的学生大部分的选择还是主要集中于针灸按摩和音乐专业。

（五）配套设施未同步

视障学生进入高等院校接受高等教育处于刚刚起步阶段，因为普通高等院校并不是针对视障学生专门开设的，所以很多大学缺乏视障学生学习、生活相关方面的硬件和软件设施。对于视障学生来讲无障碍环境的建设与启用十分重要，但是目前我国即便是一些专门招收残疾人的高校，残疾人的学习仍然困难重重。随着政府对视障人群的重视度越来越高，招收视障学生的高校在尝试改善视障学生的学习环境与硬件设施。上海师范大学为视障学生专门建立了无障碍学习空间，配备有盲文教材、盲文点显器、盲文打印机、扫描仪、安装专业盲文软件的多台电脑等视障图书资料和电子设备，为在校的视力障碍学生提供信息搜索、资料借阅、文件打印、学习交流等服务；计算中心大楼也进行了相应的改造，新增了大厅盲道、楼梯警示帖、电梯盲文按键、房间盲文标牌等。无障碍学习空间的设计和建设，全程都有视障学生的参与策划。揭牌仪式上，上海师范大学副校长李晔表示，教育是促进残疾人平等参与共享的起点，视障学生相比较肢体残疾学生在学习上困难更大，上海师范大学将通过提供各种无障碍的支持尽力帮助学生克服障碍，以充分培养视障生的能力发展，学校计划依托无障碍学习空间的物质基础组建服务团队，形成更加完善的融合教育支持系统。要为视障学生顺利接受高等教育，需要学校提供安全、便利又无障碍的学习条件，背后必须有一套教学服务体系，例如，便于视障学生行走的盲道、盲人笔记本以及盲人专用的运动器材，等等。

（六）融合教育不够深入

随着国家、政府对残障人士的不断重视，人们对特殊人群的包容水平越来越高，视障学生在高等教育阶段的"边缘化"现象有所缓解。基于对残障人群进行保护的隔离式教育，同样将残障人群接受高等教育机会的平等以及实质的平等置于"边缘化"的位置。虽然，我国的隔离式教育的实践历史比较悠久，如何走出视障学生在接受教育阶段中出现"边缘化"的困境，还需要在有关平等的问题上进行细致的讨论。教育部、发展改革委、民政部、财政部、人力资源社会保障部、卫生计生委、中国残联等部门联合提出《特殊教育提升计划（2014—2016年）》，国务院办公厅2014年1月8日予以转发，这也是落实《国家中长期教育改革和发展规划纲要（2010—2020年）》的一部分。然而特殊教育的发展，重点依旧放在了发展特殊教育学校上，延续了隔离教育的思路。尽管这么做的目的都是切实保障残疾人受教育权利，不过能否达到此目的，实现教育公平仍有讨论的空间。

虽然大多数普通大学生都能接纳和认可视障学生接受高等教育，但如何才能做到平等、舒适地与视障学生进行日常学习生活的相处和交流，依然是个尚未彻底解决的现实问题。视障学生从边缘化到与普通学生的深度融合还要一定的时间和空间。

思考题

1. 视障的分级标准是什么？

2. 视障的评估方法有哪些？

3. 视障学生的政策法规有哪些？

4. 视障学生高等教育的特性有哪些？

5. 视障学生高等教育发展趋势是什么？

参考文献

［1］徐洪妹．视障教育［M］．上海：上海教育出版社，2010.

［2］周翔天．低视力学［M］．北京：人民卫生出版社，2017.

［3］中华人民共和国义务教育法［M］．北京：法律出版社，1986.

［4］中华人民共和国残疾人保障法［M］．北京：法律出版社，2008.

［5］中华人民共和国残疾人保障法［M］．北京：中国盲文出版社，2008.

［6］李学会，傅志军．从隔离走向融合？——我国视力障碍者高等教育的历史、特点及政策变迁［J］．社会工作，2015：35-46.

［7］全国人大常委会法制工作委员会国家法行政法室，等．《中华人民共和国体育法》释义［M］．北京：人民体育出版社，1996.

［8］国务院法制局教科文卫司，等．中华人民共和国体育法［M］．武汉：新华出版社，1995.

［9］杰拉德·奎因，等．《残疾人权利公约》研究：海外视角（2014）［M］．北京：人民出版社，2015.

第二章 视障学生"体育与健康"课程指导思想与培养目标

第一节 视障学生"体育与健康"课程指导思想

一、坚持"健康第一"的指导思想，提升视障学生健康水平

《中共中央国务院深化改革全面推进素质教育的决定》明确指出："健康体魄是青少年为祖国和人民服务的基本前提，是中华民族旺盛生命力的体现。学校教育要树立'健康第一'的指导思想，切实加强体育工作，使学生掌握基本的运动技能，养成锻炼身体的良好习惯。"[1]这一决定明确提出了体育与健康教学要贯彻"健康第一"的指导思想，培养学生的终身体育观，切实提高学生体质健康水平。长期以来，人们将体质强健、没有疾病等生理方面的健康称之为健康，世界卫生组织最新界定的健康标准是身体、心理及社会适应三个方面全部良好的一种状态。视障学生虽然视

力有缺陷，但只是一部分器官的功能受损，其他器官的机能仍然健全，视障学生可以获得良好的健康水平。因此，由体育的基本属性和学校体育的功能决定了视障学生"体育与健康"课程是一门向视障学生传授体育健康知识、培养运动能力、促进身心协调全面发展的一门课程。通过学习，可以使视障学生发展体能、矫正盲态、养成良好的生活习惯、逐步促进心理健康与社会融入，促进视障学生身心协调、全面发展，最终提高视障学生的健康水平。

二、激发视障学生的运动兴趣，培养学生体育锻炼的意识和习惯

视障学生"体育与健康"课程针对学生的特殊性，确定适用于视障学生的课程目标、课程内容，选择并运用具有针对性的教学方法与手段，注重采用听觉、触觉等多种感觉器官帮助学生克服运动中产生的恐惧、沮丧的消极情绪状态，提高视障学生体育运动的参与水平，帮助视障学生在运动中获得良好情绪体验和个体成就感，激发视障学生良好的运动兴趣[2]。

同时，在激发视障学生运动兴趣的基础上，帮助视障学生选择适合自身状态和兴趣的运动项目，重视视障学生运动知识、技能的理解与应用，不过分追求运动技能传授的系统性与完整性，但是需要提高视障学生体育与健康的学习动机水平。通过加强对视障学生的健康观、生命观、体育价值观的教育，帮助学生形成正确的体育锻炼意识与认知。在体育教学中注重学生对体育运动的感知与体验，在体育运动实践中培养学生刻苦锻炼的精神，通过长期的教学实践，将学生体育锻炼的感悟与认知加以引导，将

暂时的兴趣与短暂的体验转化为长期稳定的参与动机，形成良好、正确的体育锻炼行为态度，促进学生积极主动的参与体育锻炼，逐步形成体育锻炼的良好习惯。

三、提升视障学生运动能力，坚持缺陷补偿与潜能开发并重

由于视力障碍使得视障学生部分身体感觉机能存在缺失，对视障学生的运动参与造成了不便，形成了运动能力缺陷。因此，视障学生"体育与健康"课程通过体育活动的学习与训练，发展视障学生机体的力量、灵敏、协调等基本身体素质，提高视障学生的方位感、空间思维、空间定向、平衡觉等运动所需的基本能力，进而纠正不良的身体姿态。通过运动逐步改善、促进或者恢复因视觉障碍造成的功能性损伤，使得各器官、系统统一协调发展，提高学生的运动能力，弥补因视觉障碍造成的运动能力缺陷[3]。

在视障学生的教育中，只注重如何补偿视障学生的"缺陷"，不仅会使学生客观的生理缺陷很难补偿，还会导致学生丧失开发潜能、发掘潜力的关键机会。因此，视障学生"体育与健康"课程不仅仅要注重如何"补短"，更要重视"扬长"。多元智能理论认为，每个学生都有智能上的强项和弱项，智能强项是个体潜能开发的重要依据，在多元智能理论的事业中没有残疾的概念。在"体育与健康"的学习过程中，要注意观察视障学生的"闪光点"，在运动过程中注意观察学生的优势与长处，发掘学生的智能强项，充分利用各项体育运动引导学生不断发掘自身存在的潜能优势，并逐步发展，扬长补短，将视障学生的天赋落到实处，转换为切实的能力。

四、凸显视障学生特殊性，明确个别化教学要求

视障学生由于存在视力上的缺陷，无法通过视觉感知运动的全部过程，因此视障学生"体育与健康"课程的内容选择需要凸显视障学生的特殊性。第一，除了基本运动能力与运动技能的学习外，课程内容需要涵盖触觉、听觉、本体感觉、平衡觉等方面的适应性功能训练，增强其他感觉器官对视觉缺陷的替代与补偿。第二，因为视障学生在走、跑、跳等日常所需的基本活动中存在恐惧、缺乏自信等现象，并伴随错误姿势。因此课程要涵盖基本的体态与日常动作矫正内容。同时，通过定向行走等针对性练习，发展学生的走、跑等基本运动能力，帮助学生理解时间、空间、方向、距离等基本概念，提高学生运动能力，克服恐惧心理。第三，由于视障学生的运动不便，课程内容需要偏重兴趣化、功能性，避免过度竞技性、对抗性。

尽管视障学生存在基本的共同点，但是他们之间仍然存在鲜明的个体差异，包括智力差异、成长环境差异、前期受教育差异、残疾时间与残疾原因差异、性格气质差异等，这些原因造成了学生的个体发展水平、心理成熟水平的各种差异，因此，在视障学生"体育与健康"课程的教学过程中要注重集体教学与小组分类教学以及个别教学相结合，重视视障学生的个性化特点，注重因材施教，注意照顾不同视障学生的个体间差异，保证每个学生获得最佳的发展与最大的收获。

五、注重视障学生全面发展，突出心理健康与社会适应

人的全面发展是任何课程与教学必须具备的哲学基础，马克思与恩格

斯提出人的全面发展是现代教育的共同追求，这自然也是视障学生体育与健康理论与实践课程指导思想的最高追求。人的全面发展指的是人的智力、体力的充分和谐发展，可将其拆分为德、智、体、美等诸多元素的完整发展[4]。而视障学生的全面发展是指视障学生的各方面都能获得充分、协调的锻炼，通过视障学生"体育与健康"课程的学习，不仅使学生可以在运动能力、动作技能、身体素质等方面获得较好的发展，还可以让学生通过体育锻炼，学习体育运动的技术技巧，强化学生的运动智能，感悟人体的运动之美，体验运动中强烈的情绪体验。

在此基础上，视障学生通过学习，逐渐认识到心理健康的重要作用，正确认识身心发展的关系，让视障学生克服自卑、恐惧等不良情绪，获得自信与自尊，形成良好的意志品质，保持积极向上、乐观开朗的人生态度，获得积极良好的心理状态。同时，在课程教学中营造和谐、友好、积极的课堂氛围，采取有效的教学方法手段培养学生的社会适应能力，通过视障学生"体育与健康"课程的学习，帮助视障学生理解合作与竞争的价值，提高交往能力与集体适应能力。注重引导学生对于规则、道德、情感等方面的理解与感悟，让视障学生能够融入社会，适应社会的发展，提高学生的社会适应能力。

第二节　视障学生"体育与健康"课程培养目标

根据视障学生课程标准，视障学生将通过"体育与健康"课程的学习，达到如下的教学效果：了解体育场地环境、体育器材设施的使用方法；学会提高身体素质、进行日常锻炼的方法；掌握基本的体育健康知识和基础技能；养成良好的锻炼习惯，具有长期稳定参与运动的兴趣爱好；懂得怎样和队友和对手进行交往与合作；具备良好的体育道德以及意志品质；形成积极乐观的生活态度，并能积极配合完成视力的康复训练。

视障学生"体育与健康"课程的培养目标主要包括：运动参与目标、运动技能目标、身体健康目标、心理健康目标以及社会适应目标。

一、运动参与目标

运动参与是视障学生发展体能、获得运动技能、保障康复训练效果、提高健康水平和形成乐观开朗生活态度的重要途径。让视障学生能够积极主动参与体育课程活动，关键之处在于要根据其特殊的身心特点和实际需要设置课程，使教学手段更加形式多样、活动内容更加丰富多彩，以此来提高体育课程对于视障学生的吸引力，从而培养他们对于体育活动的兴趣和爱好，最终形成终身锻炼的习惯和重视体育运动的意识。

与此同时，还要帮助视障学生掌握较为科学合理的锻炼方法。由于视障学生存在视力方面的问题，难以直接观察到由体育运动带来的体形与气质改变，也比较难以理解体育运动对于学生身心发展的促进作用。大部分的视障学生或多或少已经参与过体育运动，但这些不一定是专门为视障学生组织的体育类课程或活动，其之前的运动经历不一定愉快。因此，我们的目标是通过合理的组织形式，让视障学生摆脱其对于体育活动的抗拒心理，帮助其真正融入体育课程，让每个学生都有足够的参与度，让视障学生在实际的体验中，感受到体育课程活动对于自己身心健康的促进作用，强化其锻炼意识，培养学生的锻炼习惯。

（一）课程基本目标

让视障学生能够积极参与各类体育活动，养成自主锻炼、自觉锻炼的习惯，形成长期积极主动参与体育活动的意识，能够自行选择锻炼内容，设计锻炼计划，并具备辨别该锻炼方式是否合理的能力。

1. 水平目标一：完成课程学习，参与体育锻炼

① 视障学生能够完成日常体育课程的学习，参与课堂体育练习。

② 视障学生喜欢体育课程，能够融入课堂教学，积极主动参与体育运动。

③ 视障学生能够掌握一定的运动技能，可以自主选择感兴趣的运动项目锻炼。

2. 水平目标二：产生运动兴趣，培养锻炼习惯

① 视障学生能够在各类体育运动中选取合适的项目，并产生稳定的运动兴趣。

② 视障学生能够将兴趣转化为乐趣，可以长期坚持体育运动，培养运动习惯。

③ 视障学生具备了终身体育锻炼的意识。

3. 水平目标三：参与体育运动，推进活动赛事

① 视障学生能够参与班级、学校或地区开展的各级体育活动。

② 视障学生能够较好地融入各类的体育活动中。

③ 视障学生成为体育活动与比赛的骨干成员，能够带动身边的人一起

参与运动。

（二）课程发展目标

视障学生能够形成良好的日常运动习惯，可以根据自己的特殊情况，独自为自己制订科学合理的健身计划，具有一定体育活动组织和参与经验。

（1）水平目标一：视障学生能够合理安排锻炼时间，可以执行日常的自我监测，并能够根据监测的结果及时调整锻炼计划。

（2）水平目标二：视障学生对于体育活动及体育比赛具有较高程度的认知，能够组织较小规模的比赛。

（3）水平目标三：视障学生具备了较高的体育素质，能够充分享受各类体育活动带来的乐趣。

二、运动技能目标

运动技能又称"动作技能"，指人体运动中掌握和有效完成专门动作的能力[5]，包括大脑皮质调节下不同肌肉群间的协调性，即在空间内正确运用肌肉工作的能力[6]。有很多因素对运动技能的发展形成存在着直接或间接的影响，如教学方法、训练方法、训练程度、目标设置和学习积极性等。在"体育与健康"课程中，身体形态、身体素质和身体机能是运动技能练习和发展的基础，通过运动技能的学习，可以使视障学生掌握多种体育运动方法，并在此基础上进一步发展自己的兴趣爱好和技能专长，一方面提高体育锻炼的意识和能力，另一方面也能一定程度上补偿视力障碍所带来的机能缺陷。

运动技能是参与体育运动必须掌握的内容，对于视障学生而言，相比于普通学生，让其掌握同样的运动技能无疑更加困难。因此，需要进行运动技能筛选，选择合适视障学生练习的技能进行教学。视力障碍对于学生的前庭觉（位觉）影响最大，掌握一些促进前庭觉的相关运动，能够让学生在日常生活中更加从容，提高自我照顾的能力，让视障学生可以面对更加复杂多样的生活环境。在针对视障学生的教学过程中，需要放宽对学生动作完成度的要求，以激发视障学生的体育乐趣和培养视障学生的运动兴趣为主要目的。另外，视障学生与纯粹盲生不同，严格来说，只是视力障碍，多为低视力，而非视力功能丧失。因此，视障学生对于其视力恢复抱有积极态度，功能性的视力训练也可以与日常的运动技能教学结合起来，可以有效提高视障学生参与体育技能学习的动力。

（一）课程基本目标

让视障学生能够学会多种体育运动的技能及方法，选用科学、合理、正确、有效的方式进行体育锻炼，掌握一定的运动创伤应急处理能力，学会功能性康复训练的基本方法。

1. 水平目标一：了解运动价值，掌握锻炼方法

① 视障学生能够了解体育课程内容，掌握基本的体育锻炼方法。

② 视障学生能够认知体育运动竞赛与日常体育锻炼的区别。

③ 视障学生能够理解所学运动项目的锻炼价值，清楚该运动项目在促进身体健康方面的作用。

2.水平目标二：了解运动项目竞赛规则，掌握运动项目的技术与战术

① 视视障学生能够了解所学运动项目的竞赛规则。

② 视障学生能够掌握所学运动项目的基本练习方法，学会运动项目中的技战术。

③ 视障学生能够掌握创伤后的基本处理方法，能够科学、合理地参与日常锻炼。

3.水平目标三：培养运动能力，提高身体素质

① 视障学生的运动能力和身体素质得到明显提高。

② 视障学生运动能力和身体素质水平能够达到正常体育课程的合格标准。

③ 视障学生能够熟练完成多项体育运动的基本技术。

（二）课程发展目标

让视障学生的运动技能水平有一个较为全面的提高，并且延伸一个擅长的运动方向，发展运动才能，培养专项技术，能够尝试一些具有挑战性和新鲜感的体育活动。

（1）水平目标一：视障学生能够掌握一个较为擅长的专项运动。

（2）水平目标二：视障学生的运动技术水平全面提升，并着重发展某一方向的运动才能。

（3）水平目标三：视障学生对多种体育运动的竞赛规则与技战术有一定程度的了解，在某一项擅长的运动项目方面有自己独特的见解。

三、身体健康目标

学生时代也是生长发育的重要时期，这一时期身体是否健康对其成长至关重要，身体健康水平与体能状况紧密相关，而良好的体能又是通过持之以恒的锻炼获得的[7]。所以，体育运动是促进学生自我发展和保持健康的重要手段之一，视障学生的"体育与健康"课程不仅用于引导学生积极参与、发展体能，同时，还承担着向学生传输健康知识的重任，让视障学生了解营养、环境以及运动行为与身体健康之间的关系，从而选择更加健康的运动方式，提高自身的身体素质。视障学生通过课程的学习，不仅能够掌握到有关身体健康的知识、基本的运动技能和科学的健身方法，具有关注身体健康知识的自觉性，还可以主动加强锻炼，发展体能，懂得营养、环境和不良行为对身体健康的影响，养成健康的行为习惯。

（一）课程基本目标

视障学生能够了解体质健康状况的测试与评价，掌握多种能够有效提高身体素质以及身体健康水平的运动方式与方法，培养良好的运动习惯，形成健康的生活方式，拥有健康的体魄。

1. 水平目标一：了解体育知识，增加健康常识

① 视障学生了解促进身体健康的体育知识，清楚关于身体健康的相关常识。

② 视障学生了解体育锻炼对于身体健康影响的内在原理。

③ 视障学生能够应用相关的运动健康常识，提高身体健康水平。

2. 水平目标二：掌握方法技巧，科学合理锻炼

① 视障学生能够掌握促进身体各项素质增长的方法与技巧。

② 视障学生能够综合利用各类方法与技巧，提高身体素质。

③ 视障学生能够科学的体育锻炼，倡导健康的生活方式。

3. 水平目标三：学会自我测评，促进健康生活

① 视障学生能够自我评测身体素质状况及身体健康水平。

② 视障学生能够养成良好的运动习惯，形成健康的生活状态。

③ 视障学生能够根据自身的素质条件，合理的提高自身的身体素质。

（二）课程发展目标

视障学生可以根据自身运动需要，选择合适的运动环境，采取最有效、最适用的方法，进行科学合理的运动训练，保持强健的体魄；同时，能够合理地预防运动损伤发生。

（1）水平目标一：视障学生拥有良好的运动习惯，长期坚持科学合理的体育活动，面对突发情况（如摔倒），能及时做出最合适的防护动作，减少受伤程度，并且在受伤后能够及时处理。

（2）水平目标二：视障学生能够经常学习体育与健康知识，及时了解关于身体健康的相关信息。

（3）水平目标三：视障学生能够依据自我测评的身体指标，针对性地开展体育运动活动，保持身体健康水平。

四、心理健康目标

视障学生的心理健康应该包括：智力正常、情绪健康、意志健全、行

为协调、人际关系适应、反应适度等。人的心理异常复杂，概括起来可以分为：认知、动机、情绪、能力和人格[8]。心理学研究表明，视障学生心理活动的本质与普通人（视力正常）相同，视障学生的身心发展规律与视力正常的学生基本一致。但视力缺失对视障学生的心理影响很大，而且随着年龄的增长，视力缺失对视障学生心理影响有逐渐增加的趋势，这是做好视障学生心理健康教育工作所不容忽视的问题[9]。视障学生意志薄弱，控制力弱，易受情绪困扰，常有孤独、焦虑和恐惧等不良情绪。而体育活动不仅有助于身体健康，也能增进心理健康[10]，通过科学的体育活动不仅能够提高视障学生的自信心，培养视障学生的意志品质，还具有调节视障学生不良情绪的作用。在视障学生"体育与健康"的课程教学中，可以创设一些专门的运动情境，采取一些特别的方法与手段，能够更好促进视障学生的心理健康水平。

（一）课程基本目标

让视障学生通过科学的体育锻炼，克服或减少视力问题所带来的心理障碍，改善心境状态，培养积极乐观的生活态度，能够在体育运动中调节自我情绪，感受运动乐趣，获取成功体验。

1. 水平目标一：建立愉快体验，增进运动快感

① 让视障学生了解身心健康的重要性，知道身体锻炼和心理状态的关系。

② 视障学生能够理解运动愉悦与体育锻炼的相互促进关系。

③ 视障学生能够选择带来愉悦感的运动项目进行锻炼。

2.水平目标二：培养运动信心，保持运动热情

① 视障学生对参与体育活动和体育锻炼具备一定的热情。

② 视障学生参与体育运动能够增强自信心和满足感。

③ 视障学生能够通过合理的目标设置不断促进成功体验的获得，保持运动热情。

3.水平目标三：学会自我调节，锻炼心境状态

① 视障学生能够主动参与体育锻炼，调节心境状态。

② 视障学生初步掌握运用体育运动的方式自我调解情绪。

（二）课程发展目标

视障学生能够将体育锻炼作为生活中不可或缺的调节心情的手段，通过长期的体育运动，培养坚强、勇敢、顽强的意志品质以及积极乐观的处事态度。

（1）水平目标一：视障学生敢于挑战自我，具备面对任何困境的勇气和信心。

（2）水平目标二：视障学生遇到突发事件能够沉重冷静，经常主动测试自己的心境状态，并根据状态学会及时自我调节，保持积极的生活态度。

（3）水平目标三：视障学生能够通过体育运动不断锤炼自己的意志品质，坚强面对生活中遇到的困难。

五、社会适应目标

人类对社会的适应可以通过语言、风俗、法律以及社会制度等方面的

控制，使自己与社会相适应[11]。人作为社会的实体之一，在各种社会团体中生活，与不同的人结成各种各样的关系，必然会产生社会心理或团体心理。有视力障碍的学生很容易聚集起自己的小团体，并且一定程度上拒绝与团体外的人交流。这样的小团体具有较强的排他性，还会不自觉地与正常团体进行比较，这种团体心理非常容易影响视障学生发展正确独立的个体心理和个体意识[9]，进而产生一定的自我封闭意识，甚至丧失与外界群体正常交流的能力。而体育活动能够快速发展视障学生们的社会适应能力，经常参与体育活动的视障学生，可以有效提高其合作意识与交往能力以及对集体和社会的关心程度。此外，视障学生通过体育活动所获得的合作与交往能力，还可以迁移到日常的学习和生活中，帮助其更好地融入社会。

（一）课程基本目标

帮助视障学生树立团队合作意识，培养良好的体育道德，正确看待竞争与合作之间的关系；让视障学生学会尊重对手，能够与不同伙伴和谐相处。

1.水平目标一：培养体育道德，学会融入集体

① 视障学生能够了解体育活动中团队合作的作用和意义。

② 视障学生开始尝试与他人合作，并通过合作完成集体任务。

③ 视障学生能够正确处理体育活动中的竞争与合作关系，具有良好的体育道德。

2. 水平目标二：学会尊重他人，培养交际能力

① 视障学生能够参与多种类型的体育活动，愿意与更多人接触并尝试相处。

② 视障学生在体育活动中能够尊重和关爱队友，养成帮助他人的习惯。

③ 视障学生能够通过体育活动获得友谊，扩大交际范围。

3. 水平目标三：主动学习知识，提高汲取水平

① 视障学生能够通过体育课程获得体育健康的相关知识。

② 视障学生可以通过体育课程之外的渠道获得相应的体育健康知识。

③ 视障学生能够学以致用，可以将所学到的体育健康知识应用于现实生活。

（二）课程发展目标

摆脱因为视力障碍所带来的社交胆怯心理，形成良好的人际交往，具备与其他人和谐交流与协作的能力，关爱他人，团结伙伴，能够友善的待人接物。

（1）水平目标一：视障学生在体育活动中能够自觉地关心他人，时刻保持对他人的友善与尊重。

（2）水平目标二：通过长期的体育练习，视障学生能够掌握与他人协作的能力，善于合作。

（3）水平目标三：视障学生敢于社交与结识他人，不卑不亢，在社会活动中积极展示自我，直面自己的身体缺陷，保持积极乐观的态度，向他人传播正确的价值观。

案例分析

视障学生（大学一年级）太极推手课程

（一）指导思想

从大学一年级学生的身心特点与基本情况出发，以教学目标的达成为主线，以满足学生全面发展与潜能发展的需求为中心，立足于提高学生的健康水平，充分体现本课程"以人为本，健康第一"的指导思想与核心理念。教学过程中充分凸显视障学生的特殊性教学要求，采用适应于视障群体的教学方法与教学组织形式，保障课程与教学的针对性与实用性。逐渐提高视障学生的体育参与水平，逐步激发学生的运动兴趣，培养学生的体育运动习惯，不断弥补因为视觉缺陷造成的生理与心理缺陷，提高其心理健康水平与社会适应能力，发掘学生自身的潜能优势，为实现视障学生全面发展的目标，发挥体育课程不可替代的作用。

（二）教材分析

太极推手具有健身性、文化性和民族性特征，不仅是视障学生体悟民族文化的重要内容，也是发展学生协调、力量等身体素质的重要手段。太极推手项目的实用性突出，趣味性强，容易上手，对教学设备、场地等硬件设施要求不高，是视障学生"体育与健康"课程教材中较好的教学内容。通过太极推手的学习，可以提高视障学生下肢的肌肉力量，增强身体各部位的协调性与灵活性，还可以培养学生民族文化认同，更可以发展学生刚健、自强不息、不畏困难挫折的优良品质。

（三）学情分析

本次授课对象是大学一年级学生，班级人数为12人，男生8人，女生4人，其中视力低下学生8人（可独立完成动作，无需他人辅助）、有光感学生4人。大学一年级的视障学生已经具有一定的运动能力基础，并对生活中常用动作有一定的理解，但是身体的协调能力、身体各部分的肌肉力量、肌肉稳定性以及自身灵活性相比普通学生更加薄弱，影响着学生的发展。因此，本节课主要目的是补偿因视觉障碍所造成的运动能力缺陷，开发学生的运动潜能，提高学生机体的协调性、灵活性，发展学生肌肉力量与灵敏性。对于低视力的学生来说，可以利用剩余视力进行学习，相比之下，在生活中掌握较多的动作技能，更容易模仿与理解太极推手的基本动作，但是容易存在动作外形正确，而劲力不顺的情况，难以领会真正的太极推手乐趣。有光感的学生由于受到视力缺损的限制，在生活中，各种运动和基本动作受到限制，或者由于视障因素，不能克服心理障碍，难以灵活动用上肢进行动作练习。针对低视力与有光感学生的不同特点，在教学过程中需要区别对待，分别安排不同视障水平的学生，进行分组配合练习，互帮互带，发展学生的合作与竞争意识，提高学生的心理品质与交往能力。

（四）教学的培养目标

1. 运动参与目标

（1）大学一年级的视障学生能够认真完成课程学习，积极地融入太极推手的课程教学；（2）大学一年级的视障学生对太极推手课程产生较高的兴趣，积极主动参与太极推手运动，养成锻炼身体的习惯。

2. 运动技能目标

（1）大学一年级的视障学生能够了解太极推手运动价值，掌握太极推手的锻炼方法；（2）大学一年级的视障学生可以了解太极推手竞赛规则，掌握太极推手运动的技术与战术；（3）大学一年级的视障学生较好地掌握太极推手的运动技巧，身体素质得到显著提高。

3. 身体健康

（1）大学一年级的视障学生能够了解太极推手与身体健康的相关知识，增加身体健康意识；（2）大学一年级的视障学生较好掌握太极推手健身的方法，学生能够科学合理锻炼身体；（3）大学一年级的视障学生可以自我判定太极推手的锻炼价值，促进健康的生活方式。

4. 心理健康目标

（1）大学一年级的视障学生能够产生愉快的太极推手练习体验，保障学生对太极推手课程的兴趣；（2）培养大学一年级视障学生的太极推手运动信心，保持参与太极推手运动的热情；（3）大学一年级的视障学生可以学会太极推手运动中的自我调节，锻炼学生的心境状态。

5. 社会适应目标

（1）培养大学一年级视障学生的体育道德，学会融入集体；（2）在太极推手课程教学中，让大学一年级的视障学生学会尊重他人，培养交际能力；（3）通过太极推手的学习与锻炼，培养大学一年级视障学生主动学习体育知识的能力。

思考题

1. 简述视障学生"体育与健康"课程的指导思想是什么？

2. 视障学生"体育与健康"课程的培养目标分为哪几个维度？

3. 尝试给视障学生设计一节体育课。

参考文献

［1］中共中央办公厅. 国务院办公厅印发《关于深化教育改革，全面推进素质教育的决定》［EB/OL］.［1999-06-13］. http://www.moe.gov.cn/jyb_sjzl/moe_177/tnull_2478.html.

［2］李越辉. 体育教学中学生运动兴趣的制约因素及培养［J］. 教学与管理，2010（30）：155-156.

［3］高理敬.《盲校义务教育体育与健康课程标准》解读［J］. 现代特殊教育，2018（19）：34-36.

［4］中共中央马克思恩格斯列宁斯大林著作编译局. 马克思恩格斯全集［M］. 北京：人民出版社，2006.

［5］曹远红. 体育课程运动技能论［D］. 长沙：湖南师范大学，2016.

［6］刘广东. 运动技能学习中的协调性应用策略研究［D］. 苏州：苏州大学，2017.

［7］周敏. 优化形体教学内容对女大学生身体形态及心理健康影响的研究［D］. 武汉：武汉体育学院，2009.

［8］李金龙，王黎明. 试论中西方传统体育的保健价值［J］. 体育科学，2002，22（2）：33-36.

［9］张蕾，薛梅，葛玉萍．视障学生心理健康教育与辅导［M］．天津：
　　天津教育出版社，2013．

［10］许瑞勋，吴长青．体育与健康课程学习领域的划分及其逻辑关系
　　　［J］．上海体育学院学报，2006，30（3）：84-87．

［11］成彦．聋人大学毕业生社会适应研究［D］．重庆：重庆师范大学，
　　　2014．

第三章 视障学生"体育与健康"课程设置

第一节 课程设置的理论基础

据第二次全国残疾人抽样调查结果显示，我国视力残疾总人数约 1233 万，其中全盲人数约为 406 万，低视力人数约为 827 万。并且逐年增加新盲人 45 万，低视力患者 135 万，即约每分钟就会出现 1 个盲人 3 个低视力患者[1]。随着我国高等教育的发展，残疾人被普通高校录取人数明显扩大，特别是被双一流建设高校和专业录取的人数不断增多。在 2021 年残疾大学新生邀访 - 倾听座谈会上，中国残联教育就业部负责人介绍，"十三五"期间，残疾人被普通高校录取人数为 57477 人，相较"十二五"期间增长 50.11%。"十四五"期间，将进一步强化残疾人高等融合教育，加强高校无障碍和专业支持体系建设[2]。

从党的十七大"关心特殊教育"、党的十八大"支持特殊教育"，到党的十九大"办好特殊教育"，近年党和国家对特殊教育事业的重视程度与支持力度不断加大。视障教育作为我国特殊教育的重要组成部分，是衡量我国教育教学水平、医疗卫生水平、福利水平等环节的重要指标。不可否认，随着我国教育教学整体水平的不断提升，国内视障教育质量也随之提升，关爱特殊教育群体已经成为社会各界人士达成的共识。然而，从目前的情况来看，国内视障教育工作仍然存在着一些问题，比如视力残疾为主，多重残疾的视障学生越来越多，并且认知能力发展程度低、部分学生存在心理健康问题，需要个别化教学等，教师的专业水平、综合素养还有所欠缺。这些都影响了我国视障教育质量的提高，也不利于视障学生的健康成长。

一、视障学生全面发展

特殊教育在我国教育事业中也占有着很重要的地位，它彰显着我国教育事业的公平性和人本原则。保障学生身心健康成长，满足核心素养视角下培养视障学生健全人格的需要，促进学生全面发展，是教育者的责任。

核心素养是学生关于知识与技能、情感与态度以及价值观等多个方面所要求的结合体，它指向的是过程而不是结果，重点关注的是学生在其培养过程中的体悟。核心素养是以人的全面发展为出发点，即21世纪学生应具备能够适应社会发展和终身发展需要的关键能力及必备品格。核心素养视角下，培养视障学生健全人格是把党的教育方针具体化的体现，同时也是促进我国视障学生全面发展的必然选择，是连接宏观教育理念、培养目标与具体教育教学实践的重要环节[3]。

培养视障学生健全人格不仅是深化素质教育改革、推动现代化教育的基本要求，更是提高中国教育整体质量的必然选择。核心素养视角下教师更应该严格要求自己，尊重学生主体地位。核心素养要求教师全方位育人，帮助视障学生树立正确的人生观、价值观以及世界观，并且还要引导学生始终都可以用积极向上的态度看待周围的人和事。在教学过程中利用各科教学资源，对学生进行健全的人格培养。对于教师而言，他们还应该加强与学生家长之间的交流与合作，通过学校教育与家庭教育两者结合进一步完善人才培养模式，不断健全视障学生的人格[4]。

体育教学目标是体育教学的出发点，又是体育教学的归宿，对整个体育教学过程起导向与制约作用。制订体育教学目标既要符合教育方针的规定，又要符合学生身心发展需要。国家的需要与学生个人的需要在根本利益上是一致的，即促进学生身心发展的目标也是符合国家需要的目标。对于视障学生而言，由于身体客观条件限制，在日常学习、生活和体育活动中面临一些困难，为了健全学生人格，促进学生身心全面发展，在体育教学目标定位中要全面考量视障学生的身体条件，充分利用体育资源设计和规划视障学生的体育教学并满足学生的课外体育锻炼需求，以运动体验为核心，引导视障学生积极参与体育活动，在体育锻炼过程中提升视障学生的知识与技能、情感态度和价值观，促进视障学生的全面发展。

二、视障学生心理发展

世界卫生组织提出："健康不仅是指身体没有疾病，而且是身体上、心理上和社会上的完好状态[5]。"可见，健康包含着身心两个方面。重身体、轻心理的体育教学观念是不全面的。心理健康教育作为素质教育的重要组成部分，其本身就具有非常重要的现实意义。心理学认为人的性格的形成一方面依赖于先天的遗传基因，另一方面又受到后天外界环境和教育因素的影响。视障大学生作为大学生群体的一个组成部分，同样具有普通健全大学生面临的社会竞争、环境压力、情感困扰和人际关系等方面的问题和困难；与此同时，视障大学生由于自身视力缺陷，要承受疾病和失去正常视力的极大痛苦和压力，和常人相比，在学习、生活过程中会遇到更多、更复杂的困难和问题，使他们容易形成各种心理问题。视障学生与他人和社会交往的范围窄，方式方法单一，大多局限在视障群体狭小的圈子里沟通交流，更多的时间则是自我封闭。与普通学生相比，有些视障学生总会感到自卑，不愿意与周围的人一起学习和娱乐，如果教师不能有效引导，帮助他们走出心理阴影，这种情况就会越来越严重，最终导致他们的人格越来越不健全。

鉴于视障学生的特殊性，作为教育工作者不但应重视对视障学生的知识教育，而且更要重视对他们的心理健康教育，让这些视障学生可以感受到来自周围人深切的关怀，增强他们的自信心。健康的心理是视障学生成长的关键，无论是教育工作者还是那些普通学生，都应该用自己真切的关怀去看待视障学生，并给予他们援助之手，让他们深切体会到来自人世间的真情。而目前教师还不太注重对视障学生心理上的教育，视障学生健全的人格还没有形成，有时教师为了完成某个教学任务，因时间迫于应付考试等的影响，在培养视障学生的过程中还是习惯于教授他们基础知识，却大大忽视了对他们进行心理品质培养等健康教育。

一个健康的心理不仅是视障学生健康成长的需要，同时也是提高他们对生活的满足感的有效手段。从教师的角度来讲，对于视障学生的体育教学而言，由于视障学生的特殊性，教师不能用传统的教育方式对待这些学生，而是要用自己的真情实感拉近与学生之间的距离，同时通过体育项目的选择、规则的调整、简化难度等方式提高视障学生的运动成功体验感，增强学生的自信心，通过体育活动培养学生良好的心理品质。发展视障学生心理健康教育，一方面要求教师有高尚的职业道德素养，除了具备专业的教学技能以外，还应具备专业的心理教育技能，能够充分了解视障学生的心理特点以及学生在体育活动中的心理变化，善于利用教学时机鼓励学生，做到设身处地地为视障学生着想；另一方面学校要加强对教师的监督管理，制定相应的管理制度，明确教师的人才培养责任和义务，推动视障学生心理健康发展。

健康的心理寓于健康的身体，我们不应只注意生理健康而忽略了心理健康，体育锻炼对维持和增进视障学生的心理健康具有重要的作用。因此，在体育教学过程中应渗透心理健康教育，让视障学生在体育教学中体验到运动的快乐，使其身心得到较好的缓解与调节。同时师生之间以及学生彼此之间相互交往和交流，营造一个融洽、和谐、友善的人际关系和良好的教学氛围，弥补视障学生内心"残缺"的渴求，摆脱自我封闭的生活环境，在行为上形成一种积极的心理现象。在体育教学中实施心理健康教育，在教学内容中注入心理健康教育内容，"育体"和"育心"同时发展，从而促使视障学生身心健康、全面发展。

三、视障学生个性化需求

根据西方社会学家亚伯拉罕·马斯洛（Abraham Harold Maslow）的需求理论，人有五大需求，即生理需要、安全需要、归属和爱的需要、尊重的需要、自我实现的需要。随着社会的进步，人们的需求也在不断变化。现在人类社会提出新的五大需求，那就是生存发展、健康美好、幸福快乐、自我实现、生命升华。从新旧需求的变化可以看出，人们需求是从物质到精神、从低级到高级变化的，人们在满足低级需要后就会有高一级别需要的渴望。对于视障人群而言，他们也有着同样的需求层次，同时他们还有着区别于普通学生的特殊需求。作为教育工作者，我们要了解视障学生的个性化需求特点，结合现实条件，通过丰富多样化的体育教学来满足他们对教育的期待。

视觉障碍是指由于各种原因导致视觉器官（包括眼球、眼神经）及大脑视神经中枢的构造或功能发生部分或全部障碍[6]。对于青少年儿童而言，视觉障碍被定义为经过矫正仍然影响青少年儿童视觉效果的视觉受损或伤害，包括部分失明和全盲等共 4 种类型（表 3-1）。视觉刺激组成个人的空间参照系统，视觉丧失则导致个人部分或全部的空间参照系统用和身体直线姿势自我修正的限制，因此影响身体姿势和平衡[7]。视力障碍限制了身体功能性活动而导致低的体适能状态，视障群体在参与体力活动时的障碍在于难以适应新的环境，存在安全问题以及参与动机各异，导致其体力活动主动性不够或不能持久[8-10]；而且视障群体还需发挥额外的能量来完成诸如摸索物体、寻找方向等各种日常的补偿活动；另外，视障群体在运动时不能充分集中精力进行活动，因为他们在运动时要时刻保持更高的警惕，对自身重心的控制不稳也会导致运动时难以完成任务，这往往也是导致他们体适能水平低的主要原因。因此，视障青少年对身体姿势与平衡能力的需求成为其参与体力活动的时候教师需要对他们格外地进行个性化关注。

表 3-1　青少年视障类型[11]

类型	视障描述
B1	全盲（可能有亮光感知，但在任何距离内不能识别手形）
B2	能察觉手的形状，但视敏度不超过 20/600 或视界范围小于 5°
B3	视敏度范围在 20/599 ~ 20/200，视界范围在 5° ~ 20°
PS	视力部分残疾，视敏度范围在 20/199 ~ 20/70

综上，视障学生的个性化需求源自差异化，这种差异化在体育教育领域体现在两方面：一个是视障学生与普通学生对体育需求的差异；另一方面是不同程度视障学生对体育的需求存在差异。

与普通学生相比，视障学生在体育意识、体能基础、体育兴趣、体育活动方式、体育锻炼内容等方面都存在较大差异。因此，在对视障学生的体育教育过程中，要充分考虑这种群体的差异性，在教学内容设置、教学方法选择、教学组织形式、教学评价等方面都要做到差别化，选择适合视障学生身体条件的体育内容即教学方式，激发视障学生的体育兴趣，满足视障学生的体育需求。此外，对于视障学生而言，根据学生视觉障碍大小，还分为不同的视障等级，不同等级的视障学生对体育活动的认识过程、学习方式和心理发展等方面也存在差异。因此，针对不同视障等级的学生，体育教育活动也应体现差别化对待。例如，在体育内容选择上要充分考虑视障学生的不同视力情况，使每位同学都能参与适合自己视力条件的体育项目；在教学指导方面，也要对不同的视障学生采用不同的指导手段，帮助学生获取相应的技能和心理支持。

由于视障学生的特殊性要求我们进行的教育也应具备一定的特殊性，从而满足这些学生的实际需要。在实际教学过程中，由于一些学生视觉的局限性及具象认知的模糊性，对教学活动的开展造成一定的影响。因此，与普通体育教育相比，针对视障学生的体育教育不但对教师提出更高的要求，而且对教学基础设施也提出了更高的要求。视障学生存在视力障碍，在体育器材方面，需要根据视障学生的需要购置一些特殊体育教学辅助工具；针对不同视障等级学生，在体育教学中还要考虑利用各种体育资源发展残余视力。

视障学生的体育教学相对于常规体育教学有着服务对象不同、教学方法不同、课堂层次不同、适应要求不同、学科形式不同等差异。他们的体育运动能力显著地低于同龄正常人平均水平。[12]因此，应根据教学对象的特殊属性，在教学时进行"区别对待"，尽量做到因人而异、因材施教，让每个学生都可以找到适合自身特点的既安全又有效的体育运动项目，是以适应并促进个性发展。

四、视障学生缺陷补偿

缺陷补偿（compensation of handicap），是指通过各种途径替代、改善或恢复受损伤器官和组织的功能，其内部条件是，受损伤机体会产生功能代偿现象；其外部条件是，适当的特殊教育和教学可使功能障碍学生获得功能训练和心理康复，对补偿其缺陷具有重要意义[13]。缺陷补偿是在机体失去某种器官或者某种机能受到损害时的一种适应，是一种与正常发展过程不完全相同的有特殊性的发展过程[14]。无论是先天还是后天，我们尽可能做到缺什么、补偿什么，尽管这是很难实现的事情，但是必须要重视起来。既然不可回避，那就想办法改变，不断进行补偿。从社会学角度来看，缺陷补偿是指个体在充当社会角色时不可能事事成功，当自我角色目标失败时，常常可能会对相关的社会角色的重要性重新做出评价，从而进行自我定义以补偿自己的角色缺陷。

视力障碍学生机体产生新的技能组合，是建立在较好身体基础之上。身体基础积累过程需要师生的共同努力。尽管身体平衡和姿态并不是体适能的主要组成部分之一，但越来越多的研究表明，没有身体平衡与姿态，体适能是不完整的[15]。平衡能力缺失是视力障碍学生在成长过程中不可忽视问题。最突出的表现在于成长过程中感觉系统失调，而最明显的生理缺陷是平衡能力发展明显滞后于正常学生。与健全青少年不同的是，视障青少年的特殊需求和健康关注是基于身心健康和独立生活需要的身体平衡与姿态能力、腹部和上体力量以及耐力，这些可视为视障学生的体适能关注，也是视障群体理想化的身体活动状态。这种理想状态也是特殊体育教育的方向与目标。

依据"缺陷补偿"相关理论，针对视障学生的体育教育要充分利用体育教育的多维性、灵活性，多方位发展视障学生的身体机能，真正实现视障学生的缺陷补偿。首先，要以视障学生发展为本，补偿视障学生视觉缺陷，帮助他们感知运动的美好。视障学生由于"视觉缺陷"或"视力残疾"，感知范围和认知广度较窄，需要通过听力、触觉、记忆等补偿感官获取足够的外部信息[16]。因此，视障学生往往拥有比正常学生更为敏感的听觉。根据这一特点，体育教学活动在目标设置、内容选择、教法应用、活动组织能方面，都要充分利用视障学生的其他听觉、触觉感官，帮助视障学生深度体验适合的运动项目。其次，提高体育学科与信息技术的整合。随着科技进步和信息化发展，现代化信息手段不断融入日常教学，在体育教学中，丰富的现代化教学手段不仅可以提升学生的学习兴趣、监测学生运动表现和运动强度以及运动效果，还能有效提升学生运动技能掌握水平。对于视障学生而言，体育教学中信息化技术手段的应用将更加具有实效性。一方面，体育教学过程中借助音乐和多媒体设备，充分利用视障学生的听觉敏感性，提高体育技能学习效果；另一方面，利用现代化体育器材设备自身的优越性，提高体育课堂教学的效益和质量，拓展视障学生体育学习的时间和空间，发展学生多器官的运动参与，提高体育运动效果。最后，根据视障学生体育教学的特殊性，注重体育学科与其他各领域学科的联系。体育并不是单一化的学科，它与教育、音乐、心理、生物、物理等众多学科存在联系。不同学科对视障学生的教学都有自身丰富的方法和经验，但是学科教育的共同特点都是促进视障学生的身心全面发展，因此，体育教学应充分借鉴其他学科的教学经验，利用学科优势，将其他学科内容融入视障学生的体育教学中，全面提升视障学生的缺陷补偿效果。

体育与健康课程是以增进学生身心健康，培养学生终身体育意识和社会适应能力为主要目标的课程，对于视障学生的功能补偿和社会适应能力的发展具有独特的作用。因此，针对视障学生的体育课程应突出对视力残疾学生的功能补偿和潜能开发，促进学生在身体、心理和社会适应能力等方面健康、和谐发展。在教学中，教师要引导视障学生运用听觉、触觉、嗅觉等多种手段认知事物、掌握技能，把功能补偿的原理与具体的教育教学活动相结合，激发潜能，通过体育课程教学，培养视障学生良好的体育意识和行为，让学生以更好的姿态融入社会。

五、视障学生的社会化

学生全面发展包含自然发展与社会发展两大部分，所以体育教学目标体系也应包括这两个基本部分。在自然发展方面，不仅要顾及学生身体各部分正常、匀称地发展，还要注意到学生各器官系统生理功能、各项身体素质及运动能力等方面的发展内容。在社会发展方面，首先顾及培养学生的良好的思想品德、行为习惯。其次要考虑促进学生认知因素的发展观察能力、分析能力、记忆能力、判断能力以及辩证思维能力和非认知因素的发展兴趣、动机、性格、人际关系、意志、情感等。育身又育心，体育教学目标体现这两重性，才能保证学生全面发展。

由于视力不同程度的缺失，视障学生在生活、学习中比普通学生会遇到更多、更大的困难。虽然有的视障学生社会适应能力比较强，能够较好地融入社会、参与社会生活，但是，也有相当一部分视障学生的社会适应能力比较弱，他们的社会生活范围狭窄，融入社会生活的程度不高，有的甚至生活不能自理。体育教学是一种开放教学，不同专业、不同等级的学生一起在相对宽松、开放的环境中锻炼，可以最大限度地发展学生的人际交往，帮助学生建立良好的同学情谊，促进他们的社会化发展。从学生社会发展的角度出发，视障学生的体育教学中可选择带有灵活规则的游戏或竞赛活动，以发展学生遵守规则、公平竞争、不断进取的精神；可选择娱乐性、集体性的内容，以培养学生良好的情感、性格、人际关系以及团结互助的品质；可选择韵律感强、节奏鲜明的练习，发展学生的美感和情操；还可选择时间较长、难度不同的练习，以发展学生勇敢顽强、不怕困难、英勇拼搏的意志品质；为了发展学生观察、分析、判断与快速反应能力，可选择集体性的、带有攻防动作的内容等。

除了教学内容安排可促进学生社会化发展外，体育教学组织也是一种灵活的方式，可有效提高学生之间互帮互助、团结协作的合作精神。体育教学中分组以及学生练习的形式是体育教学一项基本的组织工作，这几项工作实质上都是学生群体不同的组合方式。针对视障学生的体育教学组织，主要依据教学目标、教学需要进行安排，防止千篇一律、固定不变的模式。例如，学生分组方面，可以按照性别分组、体育兴趣分组、体育技能水平分组、视障水平等级分组等。总之，相较于普通学生，视障学生在人际交往方面相对薄弱，加上心理因素影响，使得他们对社会交往存在畏惧和退缩现象。因此，针对视障学生的体育教学应从需要出发，灵活多样，为学生人际交往提供便利，促进学生的社会化发展。

第二节 课程设置的原则

高校特殊体育教学作为高校体育教学的重要组成部分，已经得到高校体育工作者的高度重视、关怀和支持。在 2002 年颁布的《全国普通高等学校体育课程教学指导纲要》中第十条规定："对部分身体异常和病残弱及个别高龄等特殊群体的学生，开设以康复、保健为主的体育课程，是完成教育目标和实现教育公平化的具体体现，这即是学校教育工作的特殊任务，也是体育工作者的特殊责任[17]。"

大学体育课程是实施体育教育的重要形式，其目的在于指导学生进行合理、经常、科学的锻炼，有效促进学生体质的提高、生理和心理的健康发展，并培养学生的终生体育意识、体育锻炼能力以及自觉锻炼的习惯。课程内容选择的原则是构建课程内容体系的重要环节，是课程内容所依据的准则。

新中国成立以来，我国学校体育课程内容不断发展完善，体育课程内容选择的原则也随着环境的变化而不断地更新。时代在进步，体育课程也随之进行不断的改革与发展，体育课程选编原则也要随着时代发展进行不断地更新和完善，以满足学科健康持续发展的需求。视障学生的体育课程设置有别于一般的体育课程：首先，要考虑课程针对群体的生理、心理特点以及体育练习的特征；其次，还要考虑课程内容与学校体育资源的匹配度；最后，还要重点考量课程教学内容的实效性，确保选择安全、有效的教学内容，在提升视障学生体育兴趣的同时，切实提升他们的身体素质水平，增进他们的身心健康。

作为体育课程内容来源的体育运动项目内容庞杂，并且具有内在逻辑性不强的特点。体育教学内容的选择既有众多的可能性，又有选择的困难性。因此，在视障学生的体育课程设置方面，需要遵循一定的原则，确保体育课程设置科学、合理、有效。

一、坚持"健康第一"的指导原则

《课程标准》明确提出，体育与健康课程遵照"健康第一"的指导思想，强化体育课和课外体育锻炼，促进全体学生身体健康、体魄强健。已有研究表明，视障青少年的适应能力、体力活动及运动控制能力显著低于健全青少年，且随着年龄增长，所参与的体力活动越来越少，导致高血压、脂肪肝、肥胖等健康问题[16]。因此，在视障学生运动技能教学内容的选择上，应面向全体视力残疾学生，选择那些能激发学生运动兴趣的、与学生的生活经验相联系的、有利于学生身心健康发展的动作技能作为课程的主要内容。教师要了解视障学生身心发展的特点，了解各个运动项目的特点，了解学生身体发展的科学原理，不仅要从视障学生的整体情况来考虑教学内容的难度和符合情况，还要进行因人而异的调整，根据学生身体基础的差异来因材施教。从终身体育的角度，注重激发学生的运动兴趣和健康意识，引导学生自觉地进行体育锻炼，培养视障学生的运动习惯。

二、符合身心发展特征原则

教学内容设置一定要考虑不同学段学生的身心发展特征，不同类型、不同学段、不同运动基础的学生在生理、心理发展等方面存在较大差异，因此，在课程设置方面要充分考虑，合理布局。

视障学生与普通学生相比，在生理、感知、心理等方面都存在差异，教师应充分了解这种差异性，全面考虑，合理安排教学活动。首先，在生理方面，由于视觉方面缺陷，视障学生无法通过视觉获知正确的坐、立、行姿势，他们的身体姿态及身体活动存在一些特殊的表现，如低头耸肩、弓腰缩颈、手脚运动不协调及抖手、抠眼睛等不良姿势和习惯，也就是常说的"盲态"。教师要正确认识学生的"盲态"现象，通过正确、科学的身体锻炼，如体操、形体、舞蹈练习等手段帮助学生逐步矫正盲态，培养学生良好的动作行为习惯。其次，在感知方面，因受视力影响，视障学生普遍缺乏视觉刺激，在学习和生活过程中主要依靠听觉和触觉来获取信息，常年以手代耳和以手代目，使他们对听觉信息和触觉信息更加敏感，在学习过程中信息获取范围缩小，而且往往更加关注事物的细节和局部线索，对知识的全面性、完整性缺乏理解，缺乏对事物的整体感知，容易产生以偏概全的错误，影响认知、情感及抽象概括能力的发展。受制于视力缺陷，他们缺乏对颜色的感知，同时对形状、方位等概念的感知能力也较差。在教学中，教师要善于调动视障学生多感官的参与，充分运用触觉、听觉和残余视力，提高他们的学习效果，尤其要多应用触摸教具和声音信号，充分调动他们的感知兴趣，丰富他们的感知经验。再次，在心理方面，视障学生因长期受视力影响，在日常生活和学习中遇到比常人更多的困难，在心理方面也会产生很多消极的变化，容易情绪不稳定、易被激怒。部分视障学生孤独离群，社交技能较差，缺乏活力和主动性，缺乏坚韧的毅力和自制力，缺乏信心，存在冲动倾向，难以接受现实，对教师和家长的批评常常表现出强烈的不满与怨恨。教师在教学中要注重营造宽松愉快的课堂环境，建立融洽的师生关系，增强课堂趣味性，注重与学生的情感交流。

实现教学目的的先决条件就是要让学生理解教师所授内容。视障学生受视觉障碍的影响，感知、认识、适应环境的能力较低；空间感差使其动作迟缓，反应较慢；由于不能直接以正确动作作为参照，仅依靠想象和触觉来感知，使其学习速度慢；出于安全需要，活动的动机不足又使其运动能力差、运动兴趣低；再加上视觉障碍带来的缺乏安全感、过分焦虑、依赖、自卑、呆板、孤僻、退缩、敏感等心理问题使这一教学主体变得尤为复杂，增加了教学的难度，这一现实存在对视障学生的体育教育工作者提出了挑战。[18]生理上的缺陷致使部分学生在学习和生活上比较紧张，有时会力不从心，容易对学习产生自信心不足、紧张害怕甚至恐惧心理，表现出焦虑、自卑、敏感、行为退缩等特征。针对视障学生身心发展特点，体育课在课程内容设置的难易和定量上要依据残疾大学生的身心特点，并结合体育运动技能的形成规律，使课程设置既要遵循国家规定的高校体育课程设置标准与要求，具有大学体育课程设置的普遍特征，又要体现人体发展规律，满足高校特殊体育群体的基本需要。教师要充分尊重学生主体地位，在课程设置中要丰富体育活动内容，在教学中灵活安排，多开展集体团队活动，注重协同合作，培养学生的团队协作精神和集体荣誉感。在活动中，特别是体育比赛中，应有意识地为学生创造成功体验，树立自信心，建立自豪感。

三、理论与实践相结合原则

由于不同视障程度学生的特殊性，高校针对视障学生的体育课程设置不能以实践技能类课程为主，而应该具有专门针对视障学生的理论课程，这些理论课程也不是单纯的体育保健课，而应该是运动医学、康复医疗和营养保健相结合的特殊体育理论课程，这样不仅可使残疾大学生掌握运动技能，而且也掌握了自我保健、自我康复、自我理疗的能力。

四、健身性与娱乐性相结合原则

健身与娱乐是体育的两大主要功能。体育对于人的影响是全方位的，包括身体的、心理的、生活态度与生活方式的，等等。从现实的体育活动来看，人们确信运动能够促进健康的同时，运动本身是有趣的、健康的、积极的娱乐活动。[19]

对于视障学生而言，健身性是对学校体育内容的首要要求，也是体育内容选择的首要原则。健身性原则是指选择体育课程内容时应把选择的体育内容是否有利于视障生的健康发展放在首位。体育课程有其自身特点，那就是对身体上的培育，这是这一学科在学校教育中区别于其他学科的特质，只有通过身体活动的形式方能达到学生心理和社会适应的目的，使健康价值得以落实。如若没有身体活动这一表现形式，体育课程就丢失了其本真，学生的心理、社会适应健康也就无从谈起。因此，从学生全面发展的角度看，体育课程内容的设置要综合考虑健康、体育知识技能和文化三方面的价值，但必须以健康为主要判断依据，突出体育课程自身的主要价值，将价值标准的重心放在身体健康价值判断内容上。

体育的本质就是强身健体，对于视障学生而言，由于视力缺陷，他们长期进行体育运动就会受到较大限制，很多内容无法尝试，体育活动内容及方式也同样受限。长此以往，他们对体育的兴趣也会逐步降低，进一步影响他们的身体素质。由于他们的身体素质基础较弱，反过来更需要适合的体育运动来提升体能，强健体魄。因此，教师要尊重视障学生的情感和体验，运用适合的运动内容、方法和手段帮助学生克服运动障碍，不断提高视障学生进行体育学习和活动的积极性。在设置视障生体育课程内容时，应根据学生的生理、心理特点，选择他们喜欢的运动内容，包括一些娱乐、休闲和新兴的体育锻炼内容，通过体育教学使学生体验运动的益处和乐趣，充分调动学生参与体育运动的积极性，发挥体育的健身功能，全面提升视障学生的运动水平。同时，爱好游戏、娱乐是人的天性，娱乐价值取向是学生喜欢体育运动的首要因素。视障学生的生理、心理特点使得他们对需要展现自身肢体的行为较为排斥，从心理上恐惧体育活动。针对这一特点，体育教学的内容选择需要考虑体育的本质特性——"玩"。体育活动使人产生积极、愉快的亲身体验，这种体验能够促进学生的身心健康发展，这是体育娱乐新特征的充分体现。人们在心情愉快的状况下从事体育活动，可以使其忘却烦恼，摒弃一切不利于健康的情绪影响，使活动过程不仅是健身的过程，而且也是消除精神紧张、使身心放松的过程。对于视障学生的体育内容体系构建要保持"玩"的本来面目，从"玩"中激发体育兴趣、形成自提高健身效果、培养运动习惯。

五、发展性与可行性相结合原则

体育课程内容本来就是一个开放的体系，体育课程教学内容一直就是随着社会的变化而不断地变化着。可以说体育课程内容是一个"与时俱进"和"因地制宜"的形态，也就是我们所说的体育教学内容的"开放性"。[20]

视障学生的体育课程设置必须要坚持可行性，具体体现在课程内容的可行，符合身心发展需要；课程目的的可行，不仅仅是增强体质，还要康复医疗；课程方法的可行，要针对不同类型的视障学生运用不同的特殊的体育教学方法进行授课；运动负荷的可行，课内外练习的运动量要适当安排，避免消极效果的出现；课程考核的可行，考核的内容、方法都要从病残程度或者康复效果来进行。

体育项目丰富多样，且随着社会和科技进步，新的体育项目不断涌现；另外，随着科技进步，新的体育器材不断出现，符合视障学生运动特点的项目也会逐渐增多，作为学校教育的重要内容，体育课程需要及时更新内容体系，将视障学生感兴趣的运动项目纳入体育课程建设体系，保持学校体育课程内容的动态发展性。同时，作为教育机构，学校体育资源有限，师资和场地器材相对稳定，并不是所有的体育项目都可以引进课堂，因此，对视障学生开设的体育教学内容必须从实际出发，充分考虑学校体育开展条件和学校视障学生的实际情况，将那些能够在学校实施的、真正可行的体育项目吸收进来。

六、趣味性与竞赛性相结合原则

学校体育教育的目的是激发学生体育兴趣、培养学生良好的体育行为，促进学生养成终身体育习惯和健康生活方式。心理是行为产生的内在因素和基础。行为尤其是个体行为是以一定的个人态度、认知、情绪和意志为基础的，因而个体行为又具有可引导性、可规范性和可改变性的特征。在对视障学生体育行为培养过程中，要注重对他们体育意识的培养，通过丰富的体育内容激发学生的体育兴趣，进而调动他们的主观能动性，逐渐培养学生自觉参与体育的习惯。

趣味性也是设置视障生体育课程时需要考虑的重要因素，有兴趣才会有动力。兴趣是学生学习的强有力的动力，是个体力求认识某种事物或从事某项活动的心理倾向。[22]体育兴趣是指学生力求积极认识和优先从事体育学习或身体锻炼的心理倾向，是学生参加体育活动的基本动力之一。

趣味性是体育运动吸引学生积极参与的重要方面，如果体育教学内容没有趣味性，体育教学就会失去吸引学生的源泉。坚持趣味性原则，可以使视障学生在兴趣盎然中得到锻炼、陶冶情操、发展智力，发挥体育的特殊功效。

竞赛性也是学校体育内容选编的一个重要原则，体育内容的竞赛性以促进体育活动参与者的身心健康为宗旨，其竞赛性具有很强的灵活性和可控性，主要体现在：竞赛理念与价值观的可控性、活动时间与空间可控性、活动内容和方式的可控性、竞赛规则的可控性。[21]积极参加各类体育竞赛，是视障学生参与社会生活的重要途径，也是向社会展示残疾人乐观进取、奋发向上的特殊风采的良机。因此，在教学中适时适当地组织体育竞赛，不仅能有效地激发视障学生的体育学习兴趣，同时也能够增进视障学生之间的沟通和理解。在指导视障学生进行训练和比赛时，一定要一丝不苟地贯彻有关安全和卫生的要求，最大限度地避免发生事故。同时要有计划、有针对性地把平时教学中所学习的知识和技能，科学协调地运用到训练和比赛中去。切忌为了追求比赛成绩而忽略安全卫生要求，忽略运动本身的科学性和动作要领的准确性。组织体育竞赛，也是向视障学生进行德育的良好机会。要向视障学生讲述体育竞赛本身具有的奋发进取、吃苦耐劳、严守规则的体育精神，教育视障学生在比赛中注意自己的言谈举止，正确对待对手，正确对待裁判的判罚，既要赛出水平，更要赛出风格。特别要强调集体的力量，比赛场上要互相配合，互相鼓励。同时要教育视障学生正确对待同伴的失误，让他们懂得，学会评价别人的同时，也要学会善于接受别人的评价。在比赛后要及时总结，针对视障学生情绪和思想上的变化，要求他们胜不骄，败不馁，通过谈心沟通，交流思想，使每一次竞赛都能促进学生的健康成长。

激发视障学生的体育兴趣对培养他们的体育行为习惯尤为重要。因此，学校体育课程设置要考虑视障学生的兴趣需求，将体育内容的趣味性和竞赛性有机结合，全面提升视障学生的体育学习积极性和练习效果。

七、创新性和民族性相结合原则

创新是课程改革的根本出发点，也是体现时代性、继承性和科学性的根本要求，例如，把朝鲜族、满族、蒙古族等少数民族体育项目，或者具有典型地方特色的传统体育项目列为高校视障学生体育课程，既使课程成为民族文化继承与发展的主阵地，又使视障大学生在具有娱乐性和趣味性的民族传统体育活动中接受民族文化教育[23]。

第三节　课程设置的依据

随着社会的发展，视障学生这一特殊群体的受教育情况越来越受到关注。如何指导和帮助视障学生进行科学、合理的体育运动成为当前特殊体育教育工作者亟待解决的课题。体育课程标准与体育教材在进行学校体育教学过程中起着非常重要的指导作用。针对视障学生的体育课程标准和教材应该符合视障学生的身心特点，以保证整个教学过程的科学性和合理性。

一、课程设置的理论依据

（一）泰勒原理对视障学生体育课程设置的启示

美国著名的教育学家、课程理论家泰勒（Ralph W.Tyler）被称为"课程评价之父",他在1944年出版的《课程与教学的基本原理》中提出了关于课程编制的四个问题,即"泰勒原理"。泰勒原理可概括为:目标、内容、方法、评价,即:确定课程目标;根据目标选择课程内容;根据目标组织课程内容;根据目标评价课程。他认为一个完整的课程编制过程都应包括这四项活动。目标来源是学习者、生活和科学专家;要素是行为、行为条件和行为标准。基于这三个来源确定的暂定目标还需要通过教育哲学和心理学两个过滤器进行筛选和修正形成正式的课程目标。在确定课程目标的基础上选择学习内容、组织学习内容,最后以课程目标为标准评价学习结果,从而提供了简单且行之有效的课程编制线性模式。泰勒原理从制订一个预设性的课程目标出发构建课程(见图3-1),为我们建立休闲体育模块课程提供了依据。

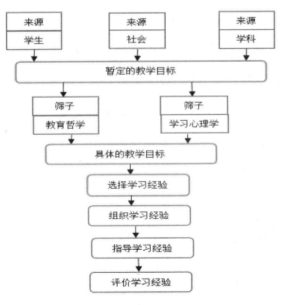

图3-1 泰勒原理拓展图[24]

（二）统整课程理论对视障学生体育课程设置的启示

统整课程英文翻译为 integrate curriculum。integrate 在英文中的解释是 "make into a whole or make part of a whole；become one"，[25] 在现代汉语中与结合、整合、合并的意思相近。我国学术界将 integrate curriculum 翻译为整合课程、综合课程和统整课程，目前统一为统整课程。

统整课程的萌芽可以追溯到 19 世纪初，德国教育家约翰·弗里德里希·赫尔巴特（Johann Friedrich Herbart）是历史上第一个明确提出统整课程的教育家，他从心理学理论出发对统整课程进行了论证。赫尔巴特认为学习的知识需要与其旧有的经验相结合才能形成观念，被人所接受和理解。1892 年，"全美赫尔巴特协会"（National Herbat Society）创立，"进步教育之父"罗伯特·帕克（Robert Ezra Park）将赫尔巴特的理论融合约翰·亨利赫·裴斯泰洛齐（Johann Heinrich Pestalozzi）和福禄贝尔（Friedrich Wilhelm Frobel）的思想提出了中心统整法的理论。中心统整法认为课程以学生为中心进行统整，学校课程应注重学生的兴趣，激发学生求知的欲望。

统整课程是构建视障学生体育课程内容的重要理论基础。首先体育课程内容的选择要重视视障学生已有经验的统整，充分掌握视障学生原有的运动经验，了解他们的身体发展诉求和运动兴趣，在此基础上精心选择体育课程的内容，体育课程内容的组织采用"主题"统整知识、技能网络的设计框架。体育课程将结合社会发展需求、学生身心发展的实际需要和学校体育发展特点选择与视障学生体育发展相关的主题，在主题统领下进行知识的脉络化，将不同项目的知识与技能以及身体锻炼方法等统整形成有机的整体，促进视障学生形成正确的体育价值观、提高体育意识和能力。

二、课程设置的参考依据

针对视障学生的体育课程设置首先要在依据《全国普通高等学校体育课程教学指导纲要》的前提下，根据残疾大学生的特殊性，设置以增进健康和康复医疗为主要内容的特殊体育课程体系，使高校特殊体育课程成为视障学生参与体育运动、调解生活方式、增强康复机能、提高适应能力、掌握锻炼方法、促进身心全面发展、提高终身锻炼意识以及形成积极、乐观、向上的生活态度的体育必修课[26]。

其次，按照《特殊教育提升计划（2014—2016年）》关于建设特殊体育课程教材的规定，特殊体育课程教材内容设计要融合现代教育理念，充分考虑学习型社会和终身教育的要求，教材内容选择上要留出学生自我设计运动方案的弹性空间，并在教学过程中不断修正，提高学生对身体的自我调控能力[27]，为终身体育奠定基础，这需要遵循以下原则：首先，以学习者的现实需要为基本出发点，全面了解残疾大学生的心理、生理状况，准确做好需求分析和评估，使设计的内容符合残疾大学生需求，增强针对性和实效性；其次，以学生为主体，增强课程的弹性和可选择性，尊重个体的自主性、能动性和创造性，设计课程内容应从多方面适应学习者多样化的发展需求；再次，以专业化发展需要的能力与素质要求为依据，让学习者获得掌握知识、技能的方法和能力，提高整体素质[28]；最后，提倡整体健康观，增加康复医疗的保健内容、方法和手段，综合利用东、西方健身项目的优势进行互补，实现健身与健心的双重效应。

（一）借鉴普通教育课程

随着我国普通高等教育改革的不断发展，普通教育课程从课程目标、课程内容、课程教学、课程评价等方面愈发完善，逐渐形成了一套完善的学校教育课程机制。然而，由于受到诸多因素影响，到目前为止，还没有统一编制的供视障学生使用的体育教材，致使体育教师在教学中无据可依。视障学生有着与普通学生一样的基本发展规律和生理基础，在这种情况下，普通教育课程对视障学生的体育课程设置具有重大的借鉴价值。对视障学生的体育教学可以在普通学校学生使用的体育教材基础上进行调整、删减或选择。但是在借鉴普通教育课程的同时需要考虑视障学生在生理结构、功能上的损害，必然在其高级神经活动和心理发展上表现出某种特点，这体现了他们区别于普通学生的特殊的一面[29]。因此，在借鉴普通教育课程的同时，要依据视障学生的身心发展和体育学习特点进行教材适切度改造，切实构建符合视障学生实际的高校体育课程。

（二）盲校课程方案的解读

盲校所对的群体全部都是视力有缺陷的学生，盲校课程方案更具有针对性和适切性，因此对视障学生体育课程设置有着极大的借鉴意义。

首先，盲校课程方案体现教育性，突出体育与健康课程的育人功能。盲校体育与健康课程坚持贯彻党的教育方针，认真落实立德树人根本任务，坚持以视力残疾学生发展为本，充分体现体育的育人价值。体育与健康课程的育人价值不仅体现在增进学生健康、发展学生体育与健康能力和素养等方面，还体现在弥补视觉缺陷、促进潜能开发方面的作用。为落实体育与健康课程的育人价值，将立德树人落到实处，盲校课程方案在选择教学内容、设计教学建议与学习评价时，引导广大体育教师在教学中以知识技能传授为基础，指导和帮助视力障碍学生养成健康行为习惯，改善身体感知和活动能力，促进学生积极参与体育锻炼，提高体能水平。

其次，盲校课程方案坚持一般性与特殊性相结合。盲校体育与健康课程既遵循国家对学生体育与健康方面的基本要求，吸收借鉴普通学校体育与健康课程改革的成果和经验，在思想性、政治性和重大原则等方面保持一致，体现教育的普遍性和基础性；同时又必须考虑视力障碍学生的特殊性，根据视力障碍学生的身心发展特点和学习成长规律来设计课程方案，体现盲校体育与健康课程教学的特点和特殊性。

再次，盲校课程方案突出基础性和适切性。盲校体育与健康课程充分契合视力障碍学生的身心特点，符合大多数视力障碍学生的需要和大多数盲校的教学实际。盲校体育与健康课程内容的选择与视力障碍学生的身心健康发展密切相关，是视力障碍学生在体育与健康课、生活和自主锻炼中最必要、最有帮助和最实用的基础性内容，符合相应学段视障学生的身心发展特点，适合该年级大多数视力障碍学生的学习和认知水平。

最后，盲校课程方案具有一定的弹性和选择性。考虑到不同盲校在师资、设施以及视力障碍学生在身体素质、学习能力等方面存在差异，盲校课程方案在教学内容安排上具有一定的弹性和选择性。根据《课程标准》的精神，体育教材将各项具体教学内容的学习要求分为掌握、基本掌握和了解等层级，同时提供了供选择的教学内容。各校可根据自身条件和学生的实际情况灵活选用，尽最大可能满足视力障碍学生的学习需要，同时提高教学效率，促进功能补偿和潜能开发。

盲校课程方案给高校视障学生体育课程设置的启示是：体育课程首先强调育人价值，重视对视障学生的教育和引导，重视发展学生的综合素养；体育课程既要考虑通常意义上的健身功能，还要考虑视障学生的特殊需求，体现出一般性与特殊性；体育课程既要发展视障学生的基础运动能力，也要根据高校视障学生的学段特点，选择适切度高的体育内容来发展学生的运动技能和体能；体育课程内容的选择要多样化，根据学校实际情况（师资、场地器材等）和视障学生的具体情况设置可供学生选择的体育内容。通过合理的规划设计，将视障学生体育课程设置规范化、系统化，尽最大可能提升视障学生的体育学习效果。

（三）借鉴国外的教学经验

视障学生的体育属于残疾人体育范畴，作为一种特殊教育，国外残疾人体育的产生、发展已有一百多年的历史。最初起源于第二次世界大战期间，由于大量伤残士兵的存在，为了使他们早日康复，于是让其进行体育锻炼，以此来获得身体的康复。此举在某种意义上促进了残疾人体育的发展。在欧洲，由于学校体育教学实践中出现了一般体育课程无法满足的那些生病、有缺陷的学生的需要，由此便产生了矫正体育。20世纪30年代至50年代，矫正体育与一般体育并存在欧美国家的一般学校的体育课程之中。近30年来，世界各国对残障人体育教育都非常重视，澳大利亚、英国等的残障人体育教育在"阶段教育""自动化行为教育""过程教育""身体行为与健康"等模式和方法上均取得了一定的成果。英国现行的体育专业教育课程设置有明显的倾向残疾人体育的趋势，英国大学的体育系专门针对残障人开设了"体育活动与特殊需要""残障人康复与体育"等发展课程，致力于残障人体育专业者除了掌握一般体育理论外，还必须掌握大量的恢复残障人功能的专门技术、技能。法国特教学校对6-14岁残疾儿童进行每周10个学时的体育教学，使他们得到适当的体育锻炼。日本、德国等国的体育院校也有相应的特殊体育方面的研究，针对课程的设置、学时、学分等设计也比较系统和科学。在美国，特殊体育学不仅在美国多数体育院系中已被规定为常规体育学的一门必修课，还在美国一些体育院系中，已经发展成为培养特殊体育教育专业的一支独立学科体系，被列入高等体育院校的专业教育计划之中，并且还在一些国家设有不同类型的硕士、博士培养计划。美国伊利诺斯大学体育教育与健康娱乐学院开设供24学分的特殊体育教育辅修课程，专供在该校进行体育教育专业学习和深造的学生选择。此课程共有10门课，从运动、治疗、力学、评价以及管理等方面对特殊体育教育专业课程进行简单的介绍。

在体育课程内容资源开发方面，国外很多实践性的案例也值得借鉴。如美国的Bwtte J.Logsdon等人（1997）编撰的《体育课程单元计划》系列丛书中，有许多经过开发的体育课程内容的案例。在美国教育部教育资源信息中心的网站上，也有大量经过开发的体育课程内容案例。1973年爱尔兰阿尔特斯大学召开的校本课程开发国际研讨会上，菲吕马克（Furnmark）和大卫·麦克米伦（David W.C. MacMillan）两位学者提出了校本课程开发的概念，自此，校本课程开发发展成为国际性的课程改革运动，校本课程开发也进入残疾人体育课程改革中。

他山之石，可以攻玉。国外在特殊体育教育方面的成果和经验值得我们学习和借鉴，对我国高等院校体育教育专业和公共体育设置都有极高的参考价值。

第四节　视障学生"体育与健康"课程设置

《全国普通高等学校体育课程教学指导纲要》第十条规定："对部分身体异常和病、残、弱等特殊群体的学生，开设以康复、保健为主的体育课程。"[17]视障学生体育教学是一种特殊体育教学，康复保健是视障学生体育最直接的目的，因此，在构建视障学生公共体育课程时，一方面要考虑视障学生的体育需求；另一方面还要符合他们的身心发展特点。通过合理的体育活动帮助和提高他们的身体素质，最大限度地弥补因为残疾所带给他们的困难，改善或弥补某些生理上的缺陷，克服来自生理、心理等各种阻力和困难，使机体获得改善，身心得以康复。

一、课程结构

根据视障学生体育课程内容的性质、特点，结合体育教育课程内容的现状和"以学生为本"的现代教育理念，以发展体育核心素养为指导，确立视障学生体育课程内容的结构（见表3-2）。

表3-2　视障学生体育课程内容的结构体系

一级指标	二级指标
体育观念	体育意识
	体育态度
	体育价值观

续表

一级指标	二级指标
体育知识	体育的内涵与思想
	体育教育的价值
	体育基础知识
体育技能	基本运动技能
	体育项目技能
	体育运动方法
体育能力	运动能力
	游戏编排能力
	组织活动能力
体育行为	课堂体育行为
	课外体育活动行为
	日常体育活动行为

　　教学内容是根据一定的教育价值观和相应的课程目标来确定的实现课程目标的载体，是课程中的核心部分。体育教学内容是体育课程目标实现的载体和体育教学实施的中介。没有内容的体育课程和教学犹如空中楼阁，有其形而无实。体育课选择哪些内容，为什么要选择这些内容，都可以从体育课程目标中找到答案。如果体育课程内容的选择和安排不能达到相应的体育课程目标，那么这一体育课程内容的选取也就一定程度上失去了意义。

　　视障学生体育课程的内容结构是在时代发展的大环境和学校体育课程改革的大背景下，由体育观念、知识、技能、能力和行为五个方面组成一级指标，每个一级指标都有其具体的二级指标内容。对体育运动的认知在某种程度上影响着学生的体育态度，因此，体育教师在教学中，不仅要使视障学生掌握一定的运动技术、技能，达到增进健康、增强体质的目的，同时还要向视障学生传授体育卫生保健基础知识，以指导学生的身体活动。此外，还要让视障学生掌握科学锻炼身体的方法，培养学生基本运动动力、游戏编排能力和基本组织活动能力，使视障学生脱离课堂和体育教师后仍能科学地进行锻炼。事实上，由于体育知识尤其是技能实践内容相当广泛，在体育课程中不可能全部罗列进去，因此，在制定的视障学生体育课程内容结构体系中，只是其中一部分具有代表性和可行性的基础性内容，还有很多体育内容，各个学校应根据不同区域的地理位置和学校实际情况做出调整。

二、课程内容

以往针对特殊学生的体育课程内容除了传统必修课外，会根据新型的健康观念和体育自身的特点以及学生的特殊性，将特殊群体学生体育课程教学内容结合运动医学、康复医学的专业知识把教学内容分为养生保健类、身体矫正与机能康复类、健身健心类、社会适应类四种，其中养生保健类主要包括传统养生方法理论与实践，如太极拳、太极剑、慢跑等，这不仅能改变学生对体育的认识，而且能为终身体育打下基础；身体矫正与机能康复类主要包括各种徒手医疗体操的理论与实践、各种持器械医疗体操理论与实践、各种有氧运动对身体形态机能影响的理论与实践[30]，这不仅能增进其呼吸循环系统机能，提高运动系统的灵活性和协调性，还能矫正学生不良姿态，从而提高学生健康水平；健身健心类主要包括以有氧运动为主的集体游戏、集体球类活动、集体健身走、跑练习，其特点是动作平缓有规律，运动负荷较小，使肢体和脏腑器官的机能得到调节，促进学生代谢水平的提高，改善学生健康状况，提高学生体育锻炼的能力；社会适应类主要包括适合其参与的各种表演和比赛，它能加强学生合作意识，通过学习交往，增强学生社会适应能力和责任感，使学生懂得遵守规则和纪律的重要性，为学生最终走入社会打下基础。

视障学生作为特殊学生群体，针对他们的体育课程内容在参考特殊学生的教学内容分类的基础上，结合时代发展、教育变革和教学手段的发展，构建符合视障学生特殊身心发展和运动特点的内容体系显得尤为重要。

（一）内容来源

1.现有公共体育内容筛选及改造

体育课程内容资源开发的方法包括引进、改造和创编三大路径。引进是一种从无到有的过程，即通过引进，将学校系统之外的体育课程内容资源引入体育课程内容中，成为学生学习的体育内容。改造是指根据体育课程具体实施的不同对象和条件等特点对原有体育课程内容资源的某个构成要素进行加工、变化、修改的方法。改造是体育课程内容资源转化为体育课程内容的基本途径，特别是身体练习资源，其要成为体育课程内容，就必须要经过教育学意义上的加工处理。在体育课程内容资源引进的过程中，有的资源可以直接用于体育课程，而有的资源面临教育的语境和不同的教育对象，其规则要求是学校现实条件无法达到的，必须从运动组织和运动形式等方面做一番适应性的改造，方能被加以利用、转化为体育课程内容。体育课程内容创编是根据体育课程目标，借助于身体练习、常规体育器材设施和代用体育器材以及其他学科等资源创造和组编的体育课程内容。体育课程内容的创编是体育教师带有创造性思维的体育劳动，具有创新、游戏化、间接化的特点，这种创编是一种创造式的开发，是体育教师专业化成长的阶梯。

高校视障学生与大部分普通学生一样，按照专业要求选修各门课程，享受学校所有的教学资源，对视障学生而言，公共学校体育资源都是对他们开放的。目前高校公共体育课程内容包罗万象，既有传统的体育项目如田径、篮球、足球、排球、武术、乒乓球、羽毛球等，又有新兴项目如健美操、啦啦操、瑜伽、网球、跆拳道、功夫扇、木兰拳、空手道、快乐体操等，学生可以依据自己的兴趣爱好随意选择。如此丰富的体育资源都是视障学生体育内容的来源，对视障学生公共体育课程设置首先可以考虑从现有公共体育内容中进行筛选和改造，选择适合视障学生的体育内容进行教学。相对而言，引进新的内容对学校的财政、师资和场地器材等方面都有较高的要求，而对已经成熟的体育项目进行筛选和改造，依据视障学生特点改变规则、改造器材，使之成为视障学生能够练习的内容则要经济实惠得多，也更具有操作性。

2. 增设符合视障学生运动特点的新内容

视障学生无法通过视觉直接地感知外在事物的形状、颜色、运动和空间位置关系等属性，但他们可以通过触觉来获得事物的视觉属性，他们也可以通过语言的作用，使用策略来表征缺失通道的信息。因此，有助于视障学生功能性康复的体育教学主要从触觉训练、听觉训练和定向行走训练方面进行。

视障学生由于视觉缺陷，往往大量地使用触觉。在训练中，他们凭借身体和手的触觉，感觉身体的方位、运动的轨迹以及和师生、同学间的相互方位等，进而在理性的引导下，推导出动作的全过程。[31]视障学生的平衡感失去了视觉的调整，主要依靠自身感觉调整。触觉在一定意义上可以起着代替视障学生眼睛的作用。因此,在体育教学中应加强对他们的触觉训练内容,如太极拳。太极拳对于视障生是一项很好的终身强身健体、养生保健的健身运动,通过太极拳的练习可以培养肌肉的灵活性、神经反射的敏感性及平衡感,太极拳有助于增加姿势的稳定性。[32]太极拳的"推手"练习要求在整个活动过程中始终保持着肢体上的接触,利用肢体、依靠灵敏的触觉来了解对方的动作意图,并及时有效地采取应变措施,有利于提高视障学生机体的灵活性、触觉的灵敏感和身体的平衡性。

听觉和触觉一样,是视障人认识世界的重要途径,视障人群可以凭听觉判断声音的来源、远近和方位。体育教学是训练视障学生听力的重要课程之一,如盲人足球。视障学生进行足球比赛时,首先通过听觉来辨别场地、器械的方向和距离,为行动提供判断,比赛的全过程主要依赖听觉进行联系,对提高视障生听觉有着显著性效果。此外还可以采用地上滚动球、跟随铃声行走等辩声游戏来提高视障生的听觉能力。

定向行走是的重视障人群重要生活技能,在体育教学过程中很有必要加强视障生定向行走能力的训练,如盲人门球。将带音响的球滚出,让学生自己去找球或进行接力游戏比赛,教师可以用语言加以提示,可以有效地锻炼视障学生的定向能力。

3. 视障学生的体育需求

高校视障学生体育内容的设置还要考虑学生本位,要以学生发展为中心,充分考虑视障学生的体育需求。选择那些有助于视障学生功能性康复的教学内容、有助于提高视障学生触觉的教学内容、有利于视障学生听觉训练的教学内容以及有助于视障学生定向行走的教学内容等。

视障学生体育教学内容要符合他们的特点，体育教学内容要尽量生活化。把兴趣作为教学的突破口，尽量淡化体育竞赛中的竞技成分，减少纯技术性的、缺乏生命力的内容，增加学生平时熟悉的、喜欢的、贴近他们生活的内容。体育教学内容越接近学生的经验，越与学生的现实生活联系紧密，就越能体现教学的价值。体育教师在视障学生教学内容的选择上，要选择学生有较浓厚兴趣的、喜闻乐见的、技术性难度不是很大且能适应视障学生终身体育锻炼的运动项目。[33]充分发掘贴近视障学生生活的课程资源，使他们在温馨生活的氛围中，充分感受体育的魅力，从而引起他们的学习兴趣。

此外，视障生体育教学内容应遵循安全、有效、简便、适量的原则。安全第一是视障学生体育教学是首要问题，选择教学内容时要充分评估其安全系数，加强运动中的安全保护和医务监督，以确保教学时将危险系数降到最低，同时所选教学内容应当使学生产生积极有效的健身效果。此外，还要考虑到视障学生特殊的身心特点，尽量选择技术内容相对简单、运动负荷自身能够承受的练习内容或运动项目。这样既能避免自身视觉缺陷所带来的限制，还能减少对外部的社会条件和环境因素的依赖。[34]总之，在选编视障学生体育教学内容时，既要强调锻炼的安全性，又要突出对病损部位的有效功能训练，同时又适合视障学生特点，简便、有效的运动项目，使之有利于教学。

最后，在设置高校视障学生公共体育课程时要注意：第一，不是所有的体育项目都能成为课程内容，只有那些能够促进视障学生身心全面发展的具有教育意义的项目才能生成课程内容；第二，直接经验是与学生现实生活直接相关的体育知识与技能的综合，这一类的经验比较复杂，常常需要加以提炼加工才能进入体育课程，体育课程是实践性非常强的一门课程，直接经验在体育课程内容中占有重要地位；第三，体育课程的间接经验非常丰富，社会发展不断涌现出新的体育项目，还有我国的民族传统运动、民间游戏等，这些体育素材都是体育课程内容的间接经验，受学校课时、教学条件等多方因素的限制，不可能将所有的体育素材都引入校园，因此必须要对这些间接经验进行有计划、有目的的设计，才能生成真正的体育课程。

（二）主题——内容菜单

课程内容主题化就是给模块课程确定主题。主题式课程模块的核心是模块间相互区别的标识，因此界定和选择合理的主题是视障学生体育课程内容构建的关键环节。

视障学生体育课程内容设置既要充分利用学校现有体育资源，也要考虑学生的体育需求和体育活动特点。作为学校体育课程的有益补充，视障生体育课程主题的界定要注意以下三点。首先，主题的选定要体现视障学生体育特征，即要明显区分于传统体育课程内容特征，这也是构建该内容体系的初衷。其次，主题之间具有明显的类型和特征区分。也就是说，"种类"中的事物必须具有个体的"征象、标志"，这样才可以划分为一个主题类型。最后，主题间的内容避免交叉重叠。体育主题的划分，就是要根据视障学生体育活动存在的同质性和差异性，按一定目的、一定需要进行集合归类。按体育技术课程的功能划分，我们可以把课程内容主题分为六类（如图 3-2）：常规类、游戏类、竞赛类、新兴类、户外类和心智类。

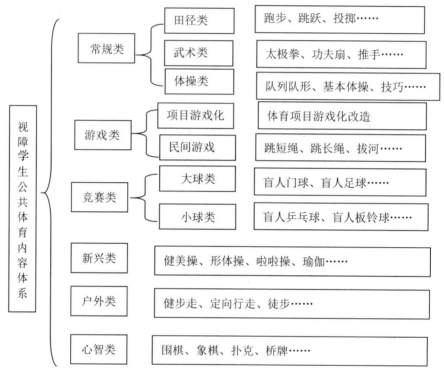

图 3-2 视障学生体育模块"主题——内容"框架图

三、课程内容实施途径

（一）体育课是体育模块内容实施的主要途径——培养视障学生体育意识与技能基础

学校体育的重要组成部分，体育课自然成为体育课程内容的主要途径。首先，体育课程教学与视障学生体育模块内容教学在功能定位上相接近。两者都是从学生身心发展、知识技能和社会适应等方面，反映知识与技能、过程与方法、情感态度与价值观综合要求；两者教学性质都具有典型的综合性和健康性特征，两者的技能教学突出"健康第一""以动为主"的课程理念，以学生发展为本，体现"健身育人"的生命价值。其次，体育课主要在运动场地、场馆进行教学活动，视障学生体育模块内容教学几乎也需要同样的运动场地条件。再次，体育课是在教师的组织下展开的，体育教师作为体育课程的设计者和开发者，对课程内容组织及方法的熟练应用技巧，都能极大地提升视障生体育模块内容实施质量。最后，体育课的目的是通过体育教学增强学生的体质和身体机能，锻炼学生意志品质；视障学生体育模块内容教学的目的在于通过体育内容激发视障学生的运动兴趣，提高视障学生主动参与体育锻炼的热情，两者的终极目标都是养成学生终身体育的习惯。体育课与视障学生体育模块内容的实施在教学理念、方式、引导和性质等方面具有契合和兼容的特点，因此，体育课成为视障学生体育模块内容实施最行之有效的途径。

（二）俱乐部是体育模块内容实施的重要途径——增加视障学生体育实践途径，提高视障学生体育技能

高校体育项目众多，但是学生课时有限，一般一个学期只能选修一项体育内容，一定程度上影响学生多样化运动体验和体育习惯的养成。为了提高学生的体育兴趣，提升锻炼效果，学校根据场地和师资条件，结合大学生身心特点和体育兴趣需求，设立各种健身俱乐部、体育社团和训练队，视障学生可以在课外活动时间，根据自己的兴趣爱好选择相应的体育俱乐部进行练习，有机会接触更多的体育项目，提高自身的体育知识和技能水平，体育俱乐部为视障生体育模块内容的实施提供了广阔的发展空间。

（三）课外活动是体育模块内容实施的辅助途径——拓宽视障学生体育活动路径，增强视障学生体育体验

课外体育活动是学校体育的重要组成部分，是体育课堂教学的延伸，是实现学校体育目标的重要途径之一。学校体育的根本目标是增强学生体质，促进学生身心全面发展，培养学生的终身体育意识，养成良好的锻炼习惯。然而仅靠体育课上的锻炼时间是难以完成这一目标的，所以必须通过课外体育活动来补充体育课的不足。学校开设体育活动课的目的就是要发展每一个学生的身体素质和运动能力，使学生掌握一定的运动技能，并能在体育活动中提高学生的力量、速度、柔韧、平衡、灵敏与爆发力等运动素质；培养学生良好的运动态度、对体育运动的兴趣以及终身体育运动的习惯；通过快乐的身体运动培养学生的个性，保持个性心理和情感的健康。哲学家洛克的"健康的精神寓于健康的身体[35]"这句话也昭示着人们，参加各种体育活动对建立乐观向上、豁达开朗的生活态度和生活热情具有重要的意义。因此，课外活动是视障学生体育模块内容实施的辅助手段，能够拓宽学生体育互动路径，增加体育锻炼机会，提高运动体验效果。

（四）校园体育文化拓宽体育模块内容的传递途径——创设视障学生体育环境，丰富视障学生体育氛围

学生体育行为的养成不是一朝一夕就能完成的，它必然受到方方面面的影响和共同作用，学校可以为视障学生体育模块内容的实施创造必要的条件和良好氛围，通过多种形式和途径对学生施加影响。首先，加强体育物质文化建设，比如，体育场馆宣传装饰凸显体育特色、打造体育宣传

专栏、利用教学楼大厅、走廊等公共空间布置图片，在校报、黑板报、学习园地中添加和丰富体育知识内容，并适时更新，宣传体育。其次，利用每年一次的运动会或体育嘉年华展示各项体育内容，如运动会增加视障学生体育项目比赛，完善常规运动会赛制安排和内容设置；体育嘉年华和体育节是学生人人参与、感受运动乐趣的体育盛会，借此机会打造主体性视障学生体育板块，全校范围内宣传视障学生体育内容，为视障学生提供丰富的体育项目体验机会，使学生充分享受体育的乐趣。最后，学校还可以组织视障学生开展关于体育知识的竞赛、体育行为展示大会等，并利用每年 8 月 8 日"全民健身日"、奥运会、世界杯等大赛举办期以及一些节假日组织专题性的讲座、讨论。

学校多渠道展示视障学生体育内容，开展丰富多彩的视障学生体育活动，渲染体育文化，使视障学生在体育活动中获得的愉悦感受、知识与技能等不断纳入自己的体育文化储备中，提高视障学生体育模块内容的实践效果。

四、课程学时、学分

高校视障学生公共体育课程学时和学分的设定要依据体育课程目标和课程内容的规定，结合学生身心特点和学校场地、师资、器材设备等具体情况，选择符合实际操作的多种内容，并进行科学、合理地规划、统筹而制定。依据视障学生公共体育内容体系，合理分配每个学期、每个项目的学时和学分，确保有计划、有步骤、有组织地保障视障学生体育课程目标的达成。针对视障学生个体差异，建议在体育教学实践中采用分层教学，使每位学生都能体验到学习和成功的乐趣。

高校视障学生公共体育课程教学工作计划主要包括不同学年教学工作计划、学期教学工作计划、单元教学工作计划、课时教学工作计划。制定每种教学计划时要充分考虑学生的运动基础和分层教学的实际需要，做好顶层设计，统筹安排，合理规划，确保视障学生公共体育课程的顺利实施。

高校公共体育每学期教学周为 16 周，每周体育课时 2 学时，每学期共计 32 学时，一学年为 64 学时。针对视障学生特点，项目的选择依据先基础运动能力再专项体验的顺序进行，每个学期安排多项符合视障学生体育特点的项目进行学习，在提高学生体育学习兴趣、奠定运动基础的同时逐步提升他们的运动技能。

（一）学年教学工作计划

高校视障学生公共体育课程学年教学工作计划是按照不同学年学生的体育课程目标，结合学校课程资源和学生实际，以学生的发展为中心统筹安排而制定的。以年级为单位，将不同学年规定的内容合理分配到每学年的两个学期，并确定每学期的考核项目与标准。

1. 学年教学工作计划的基本内容

（1）确定学年教学目标

根据视障学生教学目标的要求，将大一视障学生各学习内容的具体目标合理地分解到两个学年，再根据目标要求和年级教材的特点以及学生特点，结合学校场地师资条件和体育工作计划，确定学年教学具体目标。

（2）划分学年教学时数与教学内容

全年实际授课时数是按照校历的周数来分配的。在选定了教学内容以后，要根据体育课程要求和一定的体育教材排列方法将全年的教学内容合理分配到两个学期中去，并确定各个教材的教学时数。

（3）制定年度考核方案和评价标准

根据对全年教学效果的预测，制定出年度和学期的机能、体能以及情意表现（情感、态度、价值观）的考核方案和评价标准。

（4）提出相应的教学要求

计划编制好后，还要根据年度教学目标，针对教学内容的实际情况，提出相应的教学要求。

2. 学年教学工作计划设计建议

（1）教材的安排要体现高校体育的特性

贯彻学校体育"健康第一"的指导思想，挖掘教材的健身性、娱乐性等，以便于吸引学生主动参与，培养视障学生终身体育的意识和能力。根据学生的具体情况、学校的设施条件等，对所选的教材内容进行整合归类，确定年级教材体系，突出技能的延伸与拓展。

（2）教材的安排要体现系统性和全面性

学年教学工作计划中教学目标的分解、教学内容的安排、教学时数的分配以及教学内容的比例分配等，应充分体现学年的完整性和每学期的系统安排，并注意各教材之间的相互联系，体现由易到难、由简到繁的教学规律，处理好教材的纵横关系，实现承上启下，协调全年体育教学工作的功能。学年教学工要根据各领域目标和不同年级水平目标要求，着重考虑学生的全面发展。因此，整个学年安排什么教材、安排在哪个学期、所选教材出现的次数、教学内容之间的关系等，都要从视障学生的全面发展来考虑，要在各学期合理搭配不同性质的教材。

（3）教材的安排要体现合理性和可行性

各学校的场地、师资、器材等客观因素不尽相同，学生的年龄、心理状况、身体素质等实际情况也各不相同。因此，教材安排要围绕教学目标，切合学校实际情况，满足不同层次学生需求，科学、合理地分配。

（4）教材内容的选择与安排要有灵活性

应从学校、学生的实际全面考虑教学的效果，使学生的兴趣爱好能真正地得到满足，尽可能地提供良好的教学环境，注意学生兴趣爱好的迁移，及时调整教学内容，以适应教学和学生的需要。

3. 学年教学工作计划示例

高校视障学生公共体育与普通大学生一样，主要集中在大学一、二年级进行。大学公共体育课属于必修课，目的是在大学期间通过体育课和课外活动，增强学生体质，培养学生体育兴趣，掌握 1 ~ 2 项运动技能，形成体育锻炼习惯，为终身体育奠定基础。对于视障学生而言，面对琳琅满目的运动项目，如何选择适合自己且又是自己感兴趣的体育内容是非常重要的。

针对视障学生的身心特点和运动基础，建议大一学段以基本身体运动能力和个别项目体验为主，通过田径项目锻炼学生的跑、跳、投等基本运动技能；通过体操项目培养学生本体感觉，提高运动协调性；通过民间游戏激发学生的体育兴趣，提高体能；通过武术和球类运动，提高学生的运动体验，为之后的项目选择提供参考（见表 3-3）。大二学段的学生具备了一定的运动基础，且对学校开设的体育项目相对熟悉，这时可以根据自己的体育兴趣和运动习惯，着重从球类、舞蹈、武术和户外运动中选择一项运动进行集中学习，通过项目的深度学习掌握相应的技能技巧和锻炼方法，为以后的长期锻炼打下扎实的运动基础（见表 3-4）。

表 3-3　大一视障生体育教学工作计划

教材内容	课时建议	全学年（课时）	第一学期 课时	第二学期 课时
高校体育理论知识		4	2	2
田径	跑	12	4	2
	跳跃		2	2
	投掷		2	
体操	队列队形	12	结合课堂教学进行	
	基本体操		6	2
	技巧		2	2
民间游戏	跳绳	4	2	2
	传统游戏	4	2	2
武术	太极拳	10	6	4
	功夫扇	4		4
球类	盲人门球	6	2	4
	盲人乒乓球	8	2	6

表 3-4　大二视障生体育教学工作计划

教材内容	课时建议	全学年（课时）	第一学期 课时	第二学期 课时
高校体育理论知识		6	3	3
体能练习游戏	素质练习游戏	6	3	3
	综合体能游戏		结合课堂教学进行	
球类	盲人足球	20	10	10
	盲人乒乓球	20	10	10
舞蹈	健美操	20	10	10
	瑜伽	20	10	10
武术	太极拳	20	10	10
	功夫扇	20	10	10
户外运动	定向行走	20	10	10
	健步走	20	10	10

（二）学期教学工作计划

学期教学工作计划通常又称为教学进度，要根据高校视障学生公共体育要求和本地区地气候特点以及学校实际，将学年教学工作计划中所规定的每一学期的各项学习内容，按照教学时数组成规模和目标不同的教学单元，系统地、合理地分配到每个课时。

1. 制订学期教学工作计划的方法

（1）明确学期教学任务与要求，确定学期教学总时数。

（2）绘制计划表。表格应包括教材内容、周次、课时、课次等栏目，用符号或者文字标记重点教材、新授教材。

（3）编排教材采用集中编排法、分散编排法、集中于分散相结合编排法等。先安排重点教材，后搭配一般教材；先安排第一个教材，后搭配第二个教材；先安排教学进度的第一节课和最后一节课，后安排中间的课。

（4）形成正式计划。对计划草稿进行检查调整，看纵横关系是否妥当、考核时机是否适宜，然后再用符号或文字填写在教学进度表内，形成正式的计划表格。

2. 制订学期教学工作计划的建议

（1）总体把握教学内容和时间，按照教学顺序依次安排每节课的教学内容，注意每节课教材的搭配，使学生得到全面发展。

（2）安排教材要注意循序渐进的原则，室内外有机结合，学练有机结合。

（3）确保实践课与理论课的和谐统一，先安排要考核（考察）的项目和主要教材，突出重点；对其他教材根据其特点和需要穿插安排。

（4）注意季节变化，活动量较大的球类、游戏等项目尽量不要安排在炎热的夏季。

（5）合理布局测试项目内容，要充分考虑在保证安排重点教材内容的基础上，合理地将本学期规定的测试项目内容，分布在适宜的季节和时段。

（6）仔细审查教材的编排，不能有重复或者遗漏。

（7）考虑视障学生体育教学与普通学生公共体育的场地、师资安排，合理安排教学场地，避免冲突。

参考文献

［1］李晓龙. 视觉障碍者无差异性设计研究［D］. 武汉：武汉理工大学，2014.

［2］新华社. "十三五"期间 57000 余名残疾人被普通高校录取，较"十二五"增长 50.11%［EB/OL］.（2021−10−12）［2022−07−01］. https://www.cdpf.org.cn//ywpd/xcwh/mtjjxwb/937bb70e57c740d5a2e08408967ae18c.htm.

［3］赵丹. 核心素养下历史教学对中职学生健全人格培养的初探［J］. 中国多媒体与网络教学学报（中旬刊），2019（6）：113−114.

［4］叶小松. 在基于核心素养的传记阅读教学中，培养学生健全的人格［J］. 文理导航（上旬），2019（4）：5−7.

［5］王浴梅. 浅谈学生的心理健康与体育教学［J］. 课程教育研究，2014（21）：185.

［6］RUTKOWSKA I，BEDNARCZUK G，MOLIK B，et al. Balance functional assessment in people with visual impairment［J］. Journal of Human Kinetics，2015，48（11）：99-109.

［7］ASLAN U B，CALIK B B，KITIS A. The effect of gender and level of vision on the physical activity level of children and adolescents with visual impairment［J］. Res Dev Disability，2012（33）：1799-1804.

［8］CHEN C，LIN S Y. The impact of rope jumping exercise on physical fitness of visually impaired students［J］. Res Dev Disability，2011（32）：25-29.

［9］TABRETT D R，LATHAM K. Factors influencing self-reported vision-related activity limitation in the visually impaired［J］. Invest Ophthalmol Visual Science，2011，52（8）：5293-5302.

［10］WINNICK J P. A health-related assessment for youngsters with disabilities［EB/OL］. ［2017-11-04］. http：//www.Pyfp.org/doc/brock port/brockport-ch4.pdf.

［11］张加贝. 试论特殊体育学的内涵与外延［J］. 武汉体育学院学报，2003（11）：57.

［12］顾明远. 教育大辞典［M］. 上海：上海教育出版社，1998.

［13］何敏学，全海英. 论特殊教育学校体缺陷补偿功能［J］. 广州：体育学刊，2010，17（5）：43.

［14］AKUB L，TOMASZ T. Physical activity and life satisfaction in blind and visually impaired individuals［J］. Human Movement，2013，14（3）：

210–216.

[15] 宋瑞兰. 浅谈音乐核心素养及其培养 [J]. 教育理论与实践，2017
（23）：60.

[16] LIN J. Physical activity，physical fitness，and body composition among
children and young adults with visual impairments：A systematic
review [J]. British Journal of Visual Impairment，2015，33（3）：
167–182.

[17] 徐永春. 全国普通高等学校体育课程教学指导纲要 [J]. 中国学校
体育，2002（6）：5–7.

[18] 周艳茹. 京、津、沪地区盲校体育教育现状调查与分析 [D]. 北京：
北京体育大学，2005.

[19] 丁伟，张德军. 现代运动休闲中的健康与娱乐价值取向研究 [J].
广州体育学院学报，2018（1）：60–63.

[20] 李启迪，刘忠武，邵伟德. 建国以来我国高中体育教材内容的演变
脉络与展望 [J]. 体育与科学，2012（2）：112–117.

[21] 莫再美，何卫东，蒋东升. 论休闲体育的竞赛性 [J]. 体育文化导
刊，2011（3）：141–143.

[22] 祝蓓里，季浏. 体育心理学 [M]. 北京：高等教育出版社，2000.

[23] 李群力，罗智波. 美国适应体育课程国家标准对我国特殊体育教育
的启示 [J]. 中国特殊教育，2009，15（9）：28–32.

[24] Peter F. Oliva. Developing the Curriculum [M]. Allyn & Bacon，
2008.

［25］牛津英语词典［M］．上海：上海外语教育出版社，2001．

［26］秦婕．新课程标准在农村中学特殊体育教育实施中的困境［J］．宁德师范学院学报（自然科学版），2011，23（4）：437-439．

［27］宋娜梅．重庆市高校特殊体育教育课程重建之思考［J］．青海师范大学学报（自然科学版），2012，33（4）：107-111．

［28］徐辉．新疆地区盲人学校体育现状调查及发展对策研究［D］．上海：华东师范大学，2007．

［29］刘洋，王家宏，陶玉流．融合与策略：未来体育教师对"融合体育教育"意愿态度的研究［J］．中国特殊教育，2012，18（8）：88-94．

［30］宋宜琪，张积家．盲人概念特征的跨通道表征［J］．中国特殊育，2012（5）：44．

［31］陈桂岭．盲人柔道站立摔技战术训练方法研究［D］．天津：天津体育院，2005（10）：11．

［32］李建平．太极拳对盲人学生的健身作用［J］．山西煤炭管理干部学院学报，2007（3）：158．

［33］尤传豹．体育教学的生活回归——基于陶行知生活教育的视角［J］．哈尔滨体育学院学报，2011（10）：71-73．

［34］赵婧，郑健．八段锦教学在盲生体育课中的探索与实践［J］．绥化学报，2013（7）：108-111．

［35］李佳萍，李东花．洛克的健康教育思想对我国教育的启示［J］．辽宁教育，2012（9）：80-81．

第四章 视障学生公共体育
教学理论与方法

第一节 视障学生公共体育教学的一般规律

视障学生公共体育教学的一般规律是指视障学生公共体育教学过程中存在的普遍规律，包括动作技能形成规律、认识事物规律、人体生理机能变化规律、身心发展规律等。

一、动作技能形成规律

在视障学生公共体育教学过程中，学生学习动作技能要经历一个从无到有的过程，是一个由泛化到分化、再到巩固提高的发展过程。这一过程一般包括三个阶段。

（一）粗略掌握动作阶段

在任何动作学习的初级阶段，通过教师的讲解和示范以及自己的运动实践，技术动作只能形成一种运动表象，即获得一种感性认识，但对技术动作的内在规律并不完全理解。这一阶段的特点表现在教师的讲解、示范以及自己的练习都作为一系列的刺激，通过感觉系统传到大脑皮质的有关中枢，使其兴奋，即在相关中枢间形成初步的暂时神经联系。但它还不够稳定、不够完善，运动神经对肌肉的支配不够精确，有关中枢间的协调关系不够密切，所以躯体活动表现为动作僵硬、不准确、不协调，出现多余的动作，而且费力。此时，大脑皮质兴奋与抑制扩散处于泛化阶段，在这一阶段，教师应通过精练的讲解和准确的示范使学生形成正确的动作概念，使学生建立正确的动作表象，应抓住动作的主要环节和学生掌握动作中存在的主要问题进行教学，不应过分强调动作细节。

（二）改进和提高动作阶段

随着学习的深入，大脑皮质暂时神经联系趋于稳定和完善，运动中枢对肌群的支配更加精确，有关中枢间的协调关系得到改善。在不断地练习过程中，学生对运动技能的内在联系有了初步的理解，一些不协调和多余的动作也逐渐消除，此时，大脑皮质的活动由泛化阶段进入分化阶段，兴奋相对集中，特别是分化抑制得到发展，因此，学生练习过程中的大部分错误动作得到纠正，学生能比较准确、顺利、连贯地完成完整技术动作，但动力定型尚不牢固，遇到新异刺激时（如有人参观或参加比赛），又可能受到破坏，多余动作和错误动作又会重新出现。在此过程中，教师应特别注意纠正错误动作，让学生体会动作的细节，促进分化抑制进一步发展，建立动作的动力定型。

（三）巩固动作阶段

通过进一步反复练习，大脑皮质有关中枢间的暂时神经联系得到进一步巩固和完善，形成较稳定的运动动力定型，运动条件反射系统逐步建立，达到巩固动力定型阶段，大脑皮质兴奋与抑制在时间和空间上更加集中和精确，动作更加精确、协调和省力，有些动作可以在脱离意识支配下完成，即初步形成了自动化。但学生还应经常练习，不断提高动作质量，否则，动力定型还会消退。

（四）自动化阶段

随着运动技能的巩固和完善，大脑皮质已形成非常稳定的运动动力定型，即可出现动作自动化现象。所谓自动化，就是在练习某套动作时，可以在脱离意识支配的情况下自动地完成。此时，动作协调、准确、优美。例如，优秀篮球运动员在比赛时的运球动作常常是自动化动作。当然，自动化动作也不是完全脱离意识支配的，当环境条件发生变化使自动化受到阻碍时，自动化动作又会成为受意识支配的动作。

二、认识事物规律

人们对一个具体事物的认识，经过由实践到认识、又由认识到实践，达到了主观与客观相符合，并用其指导实践取得成功的过程，即遵循实践—认识—再实践—再认识的过程。因此，在视障学生掌握知识、技术、技能的过程中，教师应依据视障学生的身心特性，认识视障学生公共体育教学过程中的客观规律，即引起动机、感知技能、理解概念、巩固和运用知识和技能、检查评定等几个阶段，进行视障学生公共体育教学。

视障学生的特殊性主要表现在接受外界信息的途径不同，因而形成了与普通学生不同的条件关系。视障学生的认知是以听觉为主，借助触觉和嗅觉等其他的完好器官感官认识、感知事物的过程。另外，视障学生在心理上还表现出一些缺陷，如动作迟缓、形成概念困难等问题。但视障学生在对抽象的概念理解方面有着得天独厚的优势，其已经具备了较强的概念理解力，并对动作间的联系和规律有了一定的分析能力。因此，教师在教学过程中，应加强对技能的分析和阐述，明确各项技能的技术环节，详细阐明各项技能的技术原理，在语言指导的基础上，帮助学生建立正确的空间感知觉，使其尽快通过听觉的感知和认识，过渡到肢体感知上来，通过反复的体验和练习，实现听、想、练三者的融合，领会动作之间的相互关联，最终促进技能动力链的形成。

三、人体生理机能变化规律

人体在进行体育活动时，身体的机能随着运动强度的升高而升高，工作效率也从低效到高效，而不是从活动开始就进入高效的机能状态，需要通过身体预热、器官和神经动员，克服生理惰性，逐步促使身体各项机能进入工作状态（见图4-1）。在整个运动过程中，身体机能活动能力遵循着上升、稳定、下降和恢复四个阶段。运动开始前，身体机能处于静息状态，运动开始后，随着运动量的上升，身体机能不断攀升，当达到最佳状态时，会处于平台期，并且保持一段时间，随着运动量的增大，机体产生疲劳，致使机体活动能力下降，经过一段时间的休息，机体又恢复到静息状态。身体机能活动能力就是在静息和运动之间遵循着这一规律。

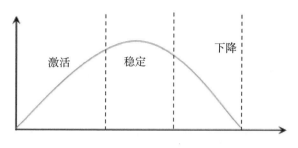

图 4-1　人体生理机能变化示意图

进入工作状态的快慢取决于技能结构难易程度和学生的自身特点。技能结构越复杂，需要的时间就越长；学生的基础运动能力水平越低，需要的时间就越长。视障学生不同的视障等级也影响进入工作状态的快慢，视障等级越高，运动能力水平越低，花费的时间就越长。在视障学生公共体育教学中，必须遵循生理机能的变化规律，结合学生的个性特点，对教学活动进行科学合理的安排，准备活动设置要为更好地开展课堂教学而服务，能够在有限的时间内激活学生的身体机能活动能力，达到适宜的运动状态，便于基本部分的顺利开展；基本部分应结合视障学生的身心机能状态，合理安排运动负荷和休息，实现良好的教学效果；结束部分应引导视障学生做好生理和心理上的放松，促进体力恢复，预防疲劳的产生。

四、身心发展规律

学生身心发展规律表现为顺序性、阶段性、不平衡性、互补性和差异性五大特性；视障大学生身心发展规律主要体现在顺序性、互补性和差异性。因此，教学过程中，必须依据视障大学生的身心发展特性选择教学内容和教学方法，才能取得较好的教学效果，促进其健康成长。教学中应遵循循序渐进的原则，从易到难、从简到繁、从量变到质变，逐步完善；充分发挥视障学生听觉优势，用精炼、生动形象的语言阐明技术动作，实现生理与心理上的互补，促进运动技能动力链的形成；详细了解、认真观察视障学生身心发展差异性，突出个性化特点，做到因材施教，有的放矢。

第二节　视障学生公共体育教学的基本原则

一、"健康第一"原则

当前，我国各级学校都明确提出了"健康第一"的指导原则，提出要将学生的身体健康放在一切教育工作的首要位置，通过体育教学和学校体育锻炼，实现学生在身体、心理和社会适应能力方面的全面提高。体育作为一种特殊的育人方式，承载着人类对健康的永恒追求。

二、语言启发性原则

视障学生在听力测试中明显优于正常大学生。教师在技术教学过程中要紧抓视障学生听觉优势，重视技术动作的阐述、专业术语的运用，通过语言上的表述帮助视障学生建立概念性的运动表象，再通过技术动作辅助性教学帮助视障学生建立技术上的运动表象，丰富学生的感性认识，提高学生运动感知觉能力，增强学生对技术动作的理解和掌握。在语言指导技术学习过程中要注意：术语教学、形象生动、目的明确、通俗易懂、言简意赅；教师应做到用词要确切、精练，口齿要清晰，语气要和蔼可亲、抑扬顿挫，表达要生动形象，语言要富有启发性，充分调动学生的思维，让学生听、想、练结合起来。

三、直观性原则

体育教学中，直观性教学原则是最常见的原则，教师通过标准的动作示范、动作视频演示、直观教具等，帮助学生形成正确的运动表象。视障学生由于视觉上的缺陷，在观察技术动作示范时存在很大的困难，教师在采用示范教学法时，应降低动作示范速率或采用多媒体视频演示；应精细化分解技术动作，降低技术难度；应讲解与示范相结合，边示范边讲解。因此，在进行技术动作教学时，教师不仅需要详细地示范技术动作，更要采用生动形象的语言讲解每一个动作，使视障学生能够在有限的可视范围内认真地领悟技术、模仿技术，必要时进行技术动作手把手教学，帮助视障学生尽快地建立运动表象。为达到良好的教学效果，教师应认真研究教材，并结合视障学生的身心特点设计教学内容，熟练掌握每一个动作的要领，选择有效的直观性教学手段。

四、补偿性原则

眼睛是心灵的窗户，视力障碍阻碍了学生身心发展，阻碍了运动技能的发展。视觉上的缺陷，致使视障学生的空间感、方位感发育滞缓，具体表现在肢体空间感知觉能力差、动作迟缓、动作幅度小、方位意识差等。视力上的缺陷却促进了视障学生听觉和触觉的良好发展。在运动技能学习的过程中，视障学生听觉和触觉的优势能够在一定程度上弥补视觉上的缺陷。在技术学习过程中，视障学生一方面利用听觉上的优势，从教师的讲解过程中获取更多、更准确的技术动作信息；另一方面利用触觉上的优势，通过触摸助理教师或模型的标准技术动作及技术结构或通过强烈的听觉和触觉上的感知补偿视觉上的直观感知缺陷，在大脑中建立完整的运动表象。因此，在视障学生公共体育教学过程中，教师应充分发挥学生多种感觉器官的作用，通过多重刺激，帮助学生建立完整的知识和技能构架，增强技能学习的信心，提高教学效果。例如，教师在教学中可以利用哨音、小号、鼓声等来刺激学生的听觉系统，做出相应的动作，通过节奏感较强的音乐渲染课堂气氛，等等。

五、因材施教原则

为了实现"将一切知识教给一切人"①的人文主义教育目标，必须坚持因材施教的基本原则。具体到体育教育领域，就是要根据受教育对象的身体健康状况、体育基础、体育运动兴趣和爱好以及现有体育基础设施等各种因素，确立教学目标、选择教学内容和教学方法并加以实施。视障学生由于视力损伤的程度不同，在生理、心理发展上存在明显的差异，因此，他们在运动能力、体育兴趣、参与程度等方面均存在很大的差异。但是，绝大多数学生的心态是比较积极的，都希望在体育活动中感受运动、感受健美、感受快乐。根据学生的这一特点，教师在教学设计中必须运用多维度的教学方法，以调动视障学生学习技能的积极性为出发点，因材施教、分层教学，在运动量、练习密度和练习次数的要求上区别对待，以保证学生"吃得饱"和"吃得了"。教师要承认学生的差别，对练习的形式与技

---

① 夸美纽斯. 大教学论［M］. 北京：教育科学出版社，1999.

术不一刀切，鼓励学生争取成功，提高自身运动水平。教师可以变换教学内容，多方面尝试、挖掘学生的潜能，进而激发学生的兴趣。

六、课内外一体化原则

视障学生由于视力残疾对行动的限制，不能像普通人一样与外界接触和运动，总感到无所适从、缺乏自信，就连自己能进行的体育活动也不愿去练习。要激发和保持学生对体育活动的兴趣，就必须尽量增加学生参与体育活动的机会，让学生能够在体育活动中感受到活动的价值。在组织体育与健康课程教学时，应该将课内与课外教学、校内与校外活动有机地结合起来。例如，对于视障学生不良的行走姿势的矫正，教师不仅要在课堂上多训练、多讲解，为每个视障学生确定不同的矫正重点，同时课外也要按正确的姿势严格要求他们，使之生活化。

第三节　视障学生公共体育教学方法

教学方法与手段是教学的基本要素之一，是教学过程的重要组成部分。正确地选择体育教学方法与手段，既能提高教学效率，又能保证体育教学质量。体育教学方法与手段选择的不合理性，会造成时间的浪费、情绪的消极、精力的过耗、教学效果的低下等负面的教学现象。因此，正确选择并合理运用体育教学方法与手段，对于落实视障学生公共体育课程标准的要求、实现课程目标具有重要的意义。随着体育教学理念的不断更新，体育教学方法也在不断地创新和发展，新的教学方法层出不穷。但是由于体育教学方法的复杂性和多样性，很难进行全面的分类。本节结合视障学生身心发展特点，介绍几种在视障学生公共体育教学中运用较多、行之有效的教学方法。

一、讲解与示范法

讲解与示范教学法是体育教学中运用范围最广、频率最高的教学方法。研究表明，人们仅通过听觉获取知识的短时记忆留存为15%，仅通过视觉获取知识的短时记忆留存为25%，如二者结合，便可达65%。而对于视障学生，听觉功能强于视觉功能，听视结合同样能取得事半功倍的效果。因此，在视障学生公共体育教学中应重视听、视教学手段的运用。

（一）讲解法

1. 概念

讲解法是教师通过简明、生动的口头语言向学生系统地传授体育知识和运动技能的方法。运用讲解法不仅可以将技术动作、技术原理讲清楚，还能实现德育、智力、知识、技能、情操等培养的融合。

2. 讲解法的要求

（1）讲解要精炼、准确，突出教学重点

普通学生的公共体育教学遵循由量变产生质变的原则，教学特点以练为主，以讲为辅。视障学生的公共体育教学亦是如此，不能本末倒置，大量的练习才能帮助视障学生建立良好的空间肢体感觉。教师在有限的讲解时间内，要紧扣技术重点和难点，讲解的语言要精、简、准，便于理解和掌握，使学生建立正确的技术概念。例如，教学中通过边示范边讲解、边练边讲解的方式，获取更多的讲解时间，发挥视障学生听觉优势，使其更快地理解与掌握教学内容。

（2）讲解要循序渐进

体育教学中，应根据课的任务，由浅入深、由表及里地讲解，从一般概念讲到技术原理，从技术环节讲到动作细节。讲解要有层次性，遵循总—分—总、由下往上、由上往下、由左往右、由右往左等原则，做到条理清晰。

（3）讲解要生动形象，口诀化

讲解时要注意语气语调。阐明技术时语调轻松缓慢，阐明重难点及技术要点时语调加快、语气高昂，调动学生注意力，提高学生专注力，促使学生机体机能尽快地进入工作状态，提高学习效率。同时，在讲解中还可将技术动作的要领口诀化。例如，站姿训练时的口诀：抬头、挺胸、收下巴、立腰、提臀。在立定跳远教学中，可以用BBF（Bear、Bird、Frog）的象形训练口诀，即预备姿势为熊立（Bear-Standing Up Straight）、下蹲姿势为鸟飞（Bird-Flying）、起跳姿势为青蛙跳（Frog-Jumping）的形象比拟，帮助学生理解技术，提高动作记忆，提高教学效果。

（二）示范法

1. 概念

示范法是教师（或教师指定的学生）以自身完成的动作作为范例，用以指导学生进行学习的方法。

2. 示范法的要求

示范的目的是使学生能更直观地看清技术，建立正确的技术概念，形成正确的动作表象。针对视障学生，教师在采用示范法教学时，应放慢示范动作速率，尽可能地将技术动作分解，并在展示时做出适当的停留，以起到更好的示范效果。随着单元教学计划的改变，示范的目的也随之改变。大体分为认知示范、学法示范和错误示范。认知示范即在泛化期，通过完整示范的展示，促使学生大脑皮层形成整体运动表象，初步建立正确的技术概念，不必计较细节；学法示范即在分化期，促使技术动作的进一步完善，需要紧抓细节，通常以分解技术的示范为主；错误示范，即通过演示或模仿错误技术动作，使学生了解自身存在的动作错误，帮助理解技术，并加以纠正，促进正确技术动作的形成。另外，为了让每个学生都能清楚地观察示范动作，示范时必须考虑学生观察的位置与方向。

二、分解与完整教学法

分解教学法是指将完整的技术动作分成几个部分，逐段进行教学的方法，一般适用于运动技术难度较大、动作结构复杂而又可分解的运动项目。完整教学法是指从动作开始到结束不分部分和段落，完整、连续地进行教学和练习的方法，一般适用于运动技术难度不大、动作结构不太复杂而又没有必要进行分解的运动项目。这两种教学法各有优、缺点。为了提高分解教学法与完整教学法的效果，在实际运用中应注意以下几个要求。

（1）完整法与分解法是相对而言的，实际上没有绝对的完整教学法，完整教学法中也包含着分解教学法的因素。

（2）分解技术动作时，应注意动作相互之间的内在联系，考虑每个动作前因后果的衔接关系，保证每个练习符合基本技术的要求、技术节奏特点和完整性。

（3）分解法要与完整法结合运用，分解法的主要作用在于减少学生学习中的困难，最终达到完整掌握技术动作的目的。所以，分解动作的练习时间不宜过长，只要基本掌握与其他部分或段落连接起来进行练习即可。

（4）在完整教学法中，可适当地降低动作的难度，以帮助学生掌握完整技术动作。

三、探究学习教学法

探究学习教学法是指在教学过程中，教师注重引导学生通过实践不断寻求答案的教学活动方式。探究学习教学法按学生思维方式的不同，可分为归纳探究（从个别到一般）与演绎探究（从一般到个别）两种。

（一）探究学习教学法的运作程序

（1）提出要求解决或研究的问题。

（2）对所提出的问题，设置解答的假设（试探）。

（3）创设特定问题的情境，使学生面临实际矛盾之中。

（4）寻求解答问题的论点、论据并展开争论。

（5）对争论作出共同的结论。

（二）探究学习教学法运用的基本条件

（1）学生对所学项目的基本知识有一定的了解。

（2）教师专业知识扎实，教学重点把握准确，善于启发和引导。

探究性学习是以学生为主体的学习方法。体育教学活动中，教师作为组织者、指导者和参与者，学生借助于一定的手段，运用多种感官，通过自主学习，获取运动技能。在视障学生公共体育教学中，教师要善于把握学生的身心发展特点及运动技能发展特点，依据课堂教学任务提出问题并引导学生积极思考，加强对技术概念的理解，在学生掌握正确技术概念及其原理之后，再进行辅助性的技术指导，提高学生对技术环节的感知，使其更快地掌握技术动作，享受成功带来的乐趣。

第四节　视障学生公共体育教学的考核与评价

考核是公共体育教学过程中不可缺少的重要环节，通过考核可以反馈教学信息，及时发现问题和不足，以便调整教学方案，改进教学方法，从而使教学过程组织得更科学。通过考核还有助于培养学生自我评价的能力，使学生了解自己掌握体育与健康基本知识、技术和技能的程度，鞭策学生不断进取，积极参加体育活动。

视障学生公共体育课程考核与评价内容是教学目标的缩影，考核必须体现学习内容和课程目标的范围与属性。在视障学生公共体育课程的考核中，应把学生的基本知识、基本体态、基本体能、基本技术、基本技能、学习态度和情意表现纳入学习成绩考核与评定的范围。

一、视障学生公共体育教学成绩考核与评价的基本要求

从视障学生公共体育教学成绩考核与评定的内容看，基本知识、基本体能与运动成绩的评定容易量化，属客观性评价范畴；而基本体态、学习态度、情意表现、基本技术的评定则较难量化，属定性的、主观性的评价。

因此，在视障学生公共体育教学成绩考核与评价中，应注意以下四方面的结合。

（一）学生评价与教师评价相结合

教学是教师与学生共同进行的双边活动，在教学系统中学生是教学的主体，教师起主导作用。在成绩评价中，如果单纯由教师进行评价，难免会不准确，甚至带有主观偏见性，这在一定程度上会挫伤学生学习的积极性，久而久之使学生慢慢地厌倦公共体育课程。因此，在公共体育教学中，从课程设计到学生成绩评价的各个环节，始终要把学生放在一个重要的位置来看待。在注意发挥教学活动中教师主导作用的同时，要特别强调学生学习主体地位的体现，充分发挥学生的主观能动性，利用评价手段，因势利导，指导和帮助学生正确地进行自我评价和相互评价，让每个学生都能参与到教学中来，通过自我评价和相互评价更好地看到自己的进步或不足，从而激励和鞭策自己更有效地学习。当然，在强调学生评价的前提下，并不否认教师的评价，应将学生自评、学生互评、教师评价有机地结合起来。通过主体多元化、内容多样化的评价过程，让视障学生和体育教师既看到自己的进步，又了解自己的不足之处，最终有利于师生能力的提高和发展。处于教学过程中的师生双方，都应经常地得到评价的反馈信息，使评价不至于形同虚设，失去固有的价值。视障学生体育学习成绩的评定还应重视建立学生成长记录袋，可以收录学生身体形态、身体机能、运动技能方面的发展、学习态度和行为变化等方面的有关资料。这样有利于学生的自主学习，也有利于教师、家长更好地了解和指导学生的学习。

（二）形成性评价与终结性评价相结合

终结性评价是我国各级学校公共体育教学中普遍采用的成绩评价方法。由于这种"一锤定音"的评价方式往往是在阶段学习或学期、学年结束时进行，因而在很大程度上失去了评价的反馈功能，对激励学生学习，帮助改进教与学的方法以及提高教学效果成效不大。终结性评价着眼点更多的是甄别作用，目的在于对学生的公共体育学习成绩进行优、良、中、差的等级评定。这种评价方法往往导致考试成绩好的学生沾沾自喜，不求进步；考试成绩差的学生则容易产生畏难情绪，最终失去学习的信心。目前，世界上很多发达国家在公共体育课程中已普遍采用形成性评价，其着眼点在于学习的整个过程。通过各种评价方法和工具，经常对学生的学习态度、情意表现、技能掌握程度、体能锻炼效果等方面进行评定，并将结果及时反馈给学生，以便使学生及时得到强化。尽管终结性评价方法简便易行，而形成性评价比较烦琐，不易操作，但形成性评价方法更有助于学生有效地学习和进步。因此，在教学中应将形成性评价和终结性评价有机地结合起来。

（三）相对评价与绝对评价相结合

所谓相对评价是指根据个人在学习中进步的幅度进行评价；绝对评价则是指在评价中不考虑个体差异，均采用统一的评价标准进行评价。绝对评价方法以学生最后成绩达到的程度为依据进行评分，由于每个学生的身体条件不同，学习基础各异，往往造成身体条件差的学生无论怎样勤学苦练，也得不到高分；相反，基础好的学生并不需要努力却可轻而易举地得到高分。绝对评价方法在应用上固然方便，但并不能反映学生学习成绩的变化及教学效果的优劣，在一定程度上影响了学生学习的积极性。

近年来，美、日、德、俄等国在体育课程的学习评价中，往往将绝对评价与相对评价结合起来，特别是对体能和运动技能的评价，更多地运用相对评价方法，重视对学生努力程度与进步幅度的评价。相对评价有助于学生看到通过自己努力所取得的进步，并得到强化和肯定，从而激发其进一步学习的愿望。当然，在肯定相对评价方法的同时，也不能完全否定绝对评价的作用，在教学中应将两种评价方法合理、科学地结合起来。

（四）主观性评价与客观性评价相结合

在视障学生公共体育成绩考核中，运动成绩、身体素质、体能等可测量性指标较容易量化，一般采用客观性评价方法就能有效地测评出所要评价的内容；但视障学生的体态、学习态度、心理、情意表现、自信心、意志品质、行为等则难以准确量化，一般采用主观性评价方法。在主观性评价中，由于评价者的角度不同、学识水平不同，评价的侧重点也不尽相同，也许会有不同的倾向性，导致评价结果的"三性"受到一定的影响。因此，在对学生学习态度、兴趣、努力程度、意志品质等方面的内容进行评价时，可定性和定量相结合、主观和客观相结合，将定性的有关内容合理量化。例如，对学习态度的测评，除了可采用态度量表的形式外，还可对学生课中、课外参加练习的次数、表现等进行记录和统计，以此反映学生运动参与程度，为客观性评价奠定基础。

二、视障学生公共体育教学成绩考核与评价的内容、方法

视障学生公共体育教学的考核内容应包括理论、体态、体能、技术、技能、学习态度与情意表现；技术考核包括技术评定和成绩达标。

（一）公共体育基本知识的考核与评定

对公共体育基本知识的考核，一般采用笔试、口试等方式进行。在具体操作上可采用开卷与闭卷相结合的形式，主要考查学生对公共体育基本知识的掌握程度。

（二）公共体育成绩的考核与评定（成绩达标）

应根据各自的实际情况确定考核项目或内容，测试的手段、要求一般按教学大纲进行。

达标成绩的评定应考虑视障学生的个体差异、努力程度和进步幅度等因素，可将绝对成绩与相对成绩（进步成绩）结合起来进行评价。教学结束时的达标成绩依据绝对评价标准进行评分，进步成绩（教学结束时的达标成绩－教学初始时的达标成绩）依据相对评价标准进行评分。达标总成绩＝绝对成绩×50%＋进步成绩×50%（绝对成绩、进步成绩所占的比例可根据实际情况进行调整）。

（三）学习态度与情意表现的评定

（1）对视障学生学习态度的评价指标可包括以下几个方面：

① 在公共体育课中能否全身心地投入；

② 能否积极思考，为达到教学目标而反复练习；

③ 能否认真接受教师的指导；

④ 公共体育课的出勤情况；

⑤ 课外能否积极地进行练习；

⑥ 运动成绩与运动技术的进步幅度。

（2）对视障学生情意表现的评价指标可包括以下几个方面：

① 能否战胜胆怯、自卑心理，充满自信地进行学习与练习；

② 能否敢于和善于克服各种主观、客观的困难与障碍，挑战自我，战胜自我，坚持不懈地进行学习与练习；

③ 能否善于运用各种心理调节手段调控自己的情绪（平静地面对挫折和失败），排除干扰、心静如水地进行学习与练习。

评价案例：

学习评价方案

一、课程目标、考核内容及评价依据

课程目标	期末评价内容							
	过程性评价（占40%）（满分40分）					期末考试（占60%）（满分60分）		
	考勤	课堂表现	情意表现	课外练习	学习总结	体、技、能（满分50分）		理论
	10分	10分	5分	10分	5分	技评30分	成绩20分	10分
运动参与		10		10				
社会适应	10		5					
知识技能					5	30	20	10

二、评价方案与评分标准

（一）过程评价方案

过程性评价涵盖学习质量、学习态度及协作能力，具体包括考勤、课堂表现、情意表现、课外练习、学习总结等评价内容。该部分占最终成绩的40%，具体考核评分标准如下：

过程性评价考核评分标准

序号	考核内容	评分依据	成绩比例（%）
1	考勤	1. 旷课一次扣去平时成绩 50 分，旷课 2 次及以上，平时成绩为 0 分； 2. 迟到一次扣去平时成绩 25 分； 3. 早退一次扣去平时成绩 25 分； 4. 迟到或早退累计 2 次，以旷课一次论处，扣去平时成绩 50 分； 5. 因故缺课（病假、事假）累计 3 次，以旷课一次论处，扣去平时成绩 50 分； 6. 一学期累计缺席教学总课时的 1/3（包括：旷课、病假、事假），取消期末考试资格，期末成绩计为 0 分，不予补考，该课程必须重修	10
2	课堂表现	包括视障学生对待学习与练习的态度、在公共体育课上的表现、在课上所学知识和技能的程度，以及在学习和锻炼活动中的行为表现等。例如，能否积极主动地思考；能否为达到目标而反复练习；能否自觉地参与体育与健康活动；能否认真地接受老师的指导等	10
3	情意表现	包括视障学生在体育学习中的情绪、自信心和意志表现，对他人的理解与尊重，交往与合作精神等。例如，能否战胜胆怯、自卑心理，充满自信地参与体育与健康活动；能否承担自己在小组中的责任，为小组的取胜全力以赴等	5
4	课外练习	包括视障学生课后练习频次、数量和质量。例如，是否积极地进行课外自主练习，强化课堂所学技能；能够在下一堂课进行积极的回课等	10
5	学习总结	包括课后笔记、学习心得体会等	5
合计			40

（二）期末考试

期末考试包括理论知识、体态、体能、技能考核，贯彻相对评价与绝对评价相结合的原则，具体考核评分标准如下：

序号	考核内容	评分依据	成绩比例（%）
1	理论	包括对体育与健康的认识、科学锻炼方法的掌握、体育与健康知识的掌握与运用、适合视障学生开展的相关体育项目知识的掌握与运用	10
2	技术评定	体态评定包括站姿、坐姿、走姿等；技术评定包括技术动作的展示、专项技术动作运用等 相对评价 = 体态评定（5分）+ 技术评定（10分） 绝对评价 = 体态评定（5分）+ 技术评定（10分）	30
3	运动成绩	体能主要包括与运动技能有关的体能和与健康有关的体能。例如：仰卧起坐、俯卧撑、深蹲起等。运动成绩依据教学大纲对相关项目的运动成绩进行考核	20
合计			60

第五章 视障学生"体育与健康" 课程教学保障体系

第一节 教学环境与保障

教学环境是按照发展人的身心需要而组织起来的育人环境。学校的教学环境通常是指学校教学活动所需要的物质、制度和心理环境等，如校园设施、建筑设计、各类规章制度、校园文化、班风、课堂气氛及师生关系等方面。体育教学环境则是指开展体育教学活动所需要的一切条件的综合。体育教学环境属于高校教学环境中非常重要的一个部分。视障学生的体育教学环境依赖于高校体育教学环境的总体部署，又要考虑视障学生的特殊需要。针对高校视障学生的体育教学环境与设施需要考虑的因素众多，如何在一般的高校体育教学环境与设施中充分地融入视障人群的特殊需求，需要特别注重人性化，充分尊重视障学生的身心特点，以满足他们的需要为中心，建设无障碍的校园环境和设施，使视障学生能够像一般学生一样享用各种教育资源、接受适合的教育，达到因材施教的目的。

2012 年中华人民共和国住房和城乡建设部《无障碍设计规范（GB50763-2012）》的完善，标志着我国残障人群无障碍物理环境的建设规范越来越具体化。考虑高校视障学生的体育教学环境应该从物理环境和心理环境两方面探讨并构建无障碍环境的综合体系，即二维度的划分。在本章节中也以二维度为主要划分依据进行论述。

一、视障学生的体育教学物质环境

（一）视障学生的体育教学物质环境

校园内的教学环境是教学活动的物质基础。例如，校园布局、学校建筑、教学设施、教学场所以及教室的色彩、光线、温度等，均属于教学物理环境。而体育教学的物质环境主要包括体育教学场所和体育教学设备两大类。

体育教学的场所包括体育馆和各种体育场地，如田径场、篮球场、排球场等，以及这些场地的周围环境，如阳光、空气、树木、草坪等。体育场、馆的布置与建设除要考虑学校整体的布局外，其位置、方向、采光、通风、颜色、声音、温度以及建筑材料等都必须要符合运动和学生身心的特点以及安全、卫生与审美的要求。

体育教学设备主要有两大类：一类是常规性设备，如课桌椅、实验仪器、图书资料、电化教学设备等；另一类是体育器材设备，如体操垫、单、双杠、篮球、足球、排球、健身器材、标枪、铁饼、铅球等。这些设备是开展体育教学活动的必备条件，对完成体育教学的任务起着重要的作用。

体育教学的物质环境不但能够影响学生的体育活动，还能够影响学生的情绪体验，甚至能够影响学生的运动习惯和运动行为的养成。良好的体育教育环境和设施，可以补偿视障学生因视力残疾而造成的缺陷，帮助他们更好地学习和生活。对于视障学生来说，良好的教学自然环境应该是校园优美、布局合理、交通便利、干净整洁的。他们在轻松、愉快的环境中生活、学习，大脑神经活动不易受外界干扰，可以最大限度地发挥各种感官功能。体育教学设施包括体育教学活动所需的一些基本用具，如课桌椅、图书资料、体育器材和各种电教手段。视障学生行走、生活、学习等都需要一定的辅助设施，这些设施好比视障学生的"眼睛"，帮助他们更好地学习、生活及进行社会交往。因此，在教学设施方面一方面要充分满足视障学生教学、生活等各方面的需要，注重科学性、实用性；另一方面要精心设计，体现启发性和创新性，便于视障学生的主动参与、合作交流。

（二）视障学生体育教学物质环境的原则

视障学生体育教学的物质环境，就是为满足视障学生体育运动需求而提供的一切物质条件，具体应遵循以下原则。

1. 无障碍原则

现代校园强调"无障碍的环境"，包括交通、建筑、学习、交往等各个方面，都强调"可及性"，包含可达、可进、可用（可达：可以到达任何建筑物及环境设施；可进：可进入校园各项建筑；可用：方便使用任何公共设施和环境）。

2. 目的性原则

教学物理环境的创设必须服从于教育教学目的。视障学生教育教学目

的分为直接和间接两种。直接的教育教学目的是实质性的，如知识的掌握、技能的训练和能力的培养等；间接的教育教学目的是保证实质性目实现的条件目标，又称工具性目的，如视障学生体育动机的激发、兴趣的培养、情绪的感染、积极性的调动等。因此，视障学生体育教学物理环境的创设必须同时服从于这两个目的，其中工具性目的更为重要。

3. 缺陷补偿原则

缺陷补偿，是指机体在失去某种器官机能或某种机能受到损害时的一种适应。在这种特殊的适应和发展过程中，被损害的机能可以被不同程度地恢复、弥补、改善或替代。研究表明，人们对外界环境的感知至少有80%是通过视觉获得的。视力缺损对学习、生活等各个方面的影响非常大。缺陷补偿对于视障人群来说就是利用其他未被损害的机能来弥补已损伤的视觉功能。

4. 适应性原则

为视障学生提供的教育物理环境，要很好地体现适应性原则，即真正符合他们的需要，如供视障学生使用的各种辅助设施以及低视力学生的助视设备等。适应性原则的另一个体现是不断改变。不同个体眼病的具体情况不同，所需环境和设施也就不同，因此，要针对视障学生的需求进行个别化设置。此外，还要注意到，一个体随着时间的变化，很多情况（比如眼睛、性格等)也会变化，要根据视障学生的变化及时为他们调整物理环境，以更好地满足他们的需要。

二、视障学生的体育教学的心理环境

心理环境是指某一时刻与个体有关的所有心理上的环境因素。行为主义者认为，其特征基本上是物理的、客观方面的；格式塔理论派认为，它包括意象、想象和记忆方面的因素；精神分析思想家认为，它包括潜意识元素、动机等。心理环境亦称"准环境""准事实"。体育教学的心理环境主要包括校园体育文化与风气、体育课堂教学气氛以及体育教学中的人际关系三个方面。

（一）校园体育文化与风气

校园体育文化与风气是一个学校在体育方面的气质，是一种稳定的集体行为导向。良好的校园体育文化对于学生形成正确的体育态度、体育兴趣、体育爱好，最终提升大学生的体育素养等方面有着非常重要的作用。

视障学生作为高校体育课堂与活动中的特殊存在，对其身心健康与发展起着尤为重要的作用。健康、和谐、向上的校园文化，可以陶冶学生情操，启迪学生心智，促进学生全面发展。校园精神文化对培养视障学生正确的价值取向和思维方式、良好的学生心理素质以及乐观向上的精神风貌和健全的人格都有重要的意义。

（二）体育课堂教学气氛

体育课堂教学气氛是指班集体在体育课堂教学过程中所形成的一种情绪、情感状态，它包括师生的心境、态度、情绪波动、师生间的相互关系等。积极的课堂教学气氛有利于体育教师和学生之间的信任和情感交流，最大限度地引发和调动学生学习的积极性和自觉性，并且有利于帮助学生树立克服困难的勇气和信心。

在视障学生的体育课堂环境中要充分考虑学生个体之间的差异性。由于每一位视障学生形成视力障碍的原因都不同，有的是脑瘤、有的是白化病、有的是脊柱侧弯，在体育课的实际教学过程中可能分成四五个类别进行教学，在操作层面来说是比较困难的，需要体育教师非常了解每一位学生的实际情况，有针对性地开展体育课程内容，照顾到每一位学生的身体情况和心理状态。此外，在对视障学生的体育教学中，安全问题是影响视障学生进行体育活动最大的障碍。例如，一开始进行的体育课程往往从独自行走开始训练，在此过程中视障学生可能出现走到草坪、花坛、摔跤等突发情况，由此就会产生恐惧心理。建议体育教师遇到此类情况时要尽量去保障他们的安全，让他们有一定的安全感，然后再进行体育活动，慢慢地，学生的独立行走能力会越来越强，然后逐步过渡到独立跑步甚至是球类等比较复杂的体育活动。

（三）体育教学中的人际关系

人际关系是指人们在社会交往中所形成的人与人之间的心理关系。体育教学中的人际关系主要包括两个方面，一是体育教师与学生之间的关系，二是学生与学生之间的关系。这些关系又构成了体育教学中的人际互动过程，直接影响着体育课堂教学的气氛、体育教学反馈以及学生的课堂参与程度和积极性，进而影响体育教学的效果。

由于学生的家庭教育方式和学生自身的性格问题，一开始学生们会对陌生的环境出现恐惧心理，难以融入班集体的活动内容。有些学生性格外向一些，与人交流不是问题，也善于交朋友，很快会融入体育活动当中；但有些学生自身性格比较内向，很难与人正常交流，慢慢地就会越来越边缘化。因此在体育教学中，教师要了解学生的性格以及造成这种性格的主要原因，对症下药，注意活跃班级的体育课堂氛围，尤其在融合课堂中格外关注视障学生的行为变化，并采取单独谈心、小组帮扶等形式对视障学生实施有针对性的体育课堂人际关系的建立，并逐渐完善。

三、视障学生的体育与健康课程资源

视障学生的体育与健康课程资源主要包括以下几种：

（一）人力资源

人力资源主要包括体育教师、视障学生、班主任、有体育特长的教师、校医、家长等。应调动各方面的人员参与体育与健康课程的建设，这有助于提高体育教学的效果，促进学生积极参与体育活动，使学生更好地达成学习目标。

（二）体育设施资源

体育设施资源指体育器材、场地、设施等，如跳绳、呼啦圈、实心球、篮球、接力棒、操场等。

（三）课程内容资源

新的体育课程除继续重视一些传统的运动项目内容外，鼓励对现有的运动项目进行改造，并大力开发新兴运动项目。

（四）课外和校外体育资源

课外体育资源主要包括早晨上课前的体育活动、课间体育活动和课外体育活动等，包括眼保健操、防治脊柱侧弯操、跑步、球类活动、民间体育、游戏活动等内容。

校外体育资源包括家庭体育活动；市、区体育活动和参加的体育训练、体育活动和竞赛活动等。

（五）自然地理资源

自然地理资源主要包括利用空气、阳光、水、季节、气候、地理条件进行的各种各样的体育活动。

（六）体育信息资源

在一堂体育课上，学生所能获得的体育与健康信息是十分有限的，因此，要鼓励学生充分利用广播、电视、体育报纸杂志、网络、有声读物等资源获取体育与健康信息。

总之，充分利用体育课程资源，可以充实和更新体育课程内容，提高体育教学效果，使学生获得更多的体育与健康知识和技能。

四、视障体育课程资源应用及管理

根据课程标准，视障学生体育与健康课程资源的开发及管理，应从以下几方面着手。

体育场地、器材是加强素质教育、提高体育教学质量、增进视障学生健康的物质保障。国家已制定了各级学校体育器材配备目录，各高校应根据本校实际，争取有计划、有步骤地进行配备，并在原有基础上逐步改善，充分发挥现有体育设施应有的作用，同时努力开发它们的潜能。

（1）发挥体育器材的多种功能。体育器材一般都具有多种功能，学校可以根据实际需要搭配使用各类体育器材，达到健身育人的效果。

（2）制作简易器材。学校可以根据本校和视障学生的实际，制作适合视障学生进行体育活动的简易器材，改善办学条件，增强视障学生的活动兴趣。

（3）改造场地器材，提高利用价值。将学校的场地器材进行适当的改造，使之成为适合视障学生活动的场地器材。

（4）合理布局学校场地器材。盲校场地器材的布局，应当既要满足教学的需要，又要满足训练的需要，还要满足课外体育活动和校内比赛的需要；既要方便组织，又要方便教学活动；在保障视障学生安全的前提下使他们有活动的地方，要形成相互依托，互为补充的多功能活动区。

（5）合理使用场地器材。应当根据本校和周边环境合理规划，充分利用空地，使视障学生能进行安全、适宜的体育活动。学校还要加强场地器材和周边环境的协调、管理工作，最大限度地提高场地器材的使用率，同时要加强场地器材的保养工作，合理使用有限的财力、物力，让每一件设施都能起到尽可能大的作用。

五、视障学生体育教学环境的建议

（1）在体育教学和场馆内安装盲道等设施，并安装音响喇叭，为视障学生迅速熟悉体育运动环境提供帮助。

（2）教师应在每次开展体育教学前，让学生在运动前充分了解活动场地的环境，检查活动器材是否安全、牢固；剧烈运动前应充分热身，做好准备活动，充分活动各关节、肌肉；运动中应采取循序渐进的方法进行体育锻炼，避免突然剧烈运动对身体造成的伤害。

（3）为视障学生提供不同运动项目和不同运动环境的盲文注意事项，详细介绍视障人群进行某项体育运动的注意事项和建议。

（4）场地和器材都需要保障学生的安全问题，比如门球和盲人足球，门框周边都用软包包好，防止学生碰撞到而受伤。

（5）合理利用牵引绳、跑步机、响铃等辅助设备。学生在练习独立散步或者是跑步时，会用牵引绳保护学生或者是在跑步机上面跑步，这样不仅没有限制学生的运动，而且又保障了学生的安全。响铃听音跑是在视障学生足球训练时会通过声音让学生进行绕八字练习。

（6）师资配备、定向行走，要针对地进行训练，使用人盯人战术，确保学生安全问题。

六、视障教育校园文化的特征

视障学生绝大多数从小就开始了住校生活，直到走进大学的校园。校园生活占了他们绝大部分的时间。因此，校园文化对于他们的身心健康与发展起着至关重要的作用，这是一种非常重要的教育资源。健康、和谐、向上的校园文化，可以陶冶学生情操，启迪学生心智，促进学生全面发展。校园精神文化对培养视障学生正确的价值取向和思维方式以及良好的学生和心理素质、乐观向上的精神风貌和健全的人格都有重要的意义。

与普通学校相比，视障学校的校园文化有其普遍性与特殊性。普遍性是指它与普通学校一样是学校本身形成和发展的物质文化和精神文化的综合。特殊性是指视障教育学校的校园文化有其独特性。这种独特性主要表现在以下几个方面。

（1）在物质方面，除了要与普通学校一样要拥有一定规模和数量的教室、实验室、图书馆和学生体育活动场地等之外，还要有符合视障学生生活、学习实际的功能室，如视听康复训练室、电子阅览室、定向行走训练区以及感统训练室等。

（2）在建筑物和室内的色彩设计、质地选择上，既要充分考虑低视力学生的视觉特点，同时也要便于视障学生的触觉识别。

（3）在校园布局设计上，要充分考虑视障学生的需要，设置适当的无障碍设施，以便于学生的安全、顺利、舒适。

（4）在无障碍设施方面：

① 盲道的设置要适当。学生容易发生辨识困难的地方和经常出入的重要场所需要设置盲道。盲道的设置要与视障学生校园生活、学习的感知需要相匹配。

② 可能有一定危险的地方，一定要设置易于视障学生辨识的标志，且有必要的地方要设置相应的保护措施。

③ 无障碍设施的设计要有一定的前瞻性，要根据国际视障教育的发展趋势，用发展的眼光提前考虑可能的无障碍设施需要。

第二节　教学团队保障

一、视障体育教师角色定位

（一）体育教师的角色定位

角色的原意是指演员在戏剧舞台上依据剧本所扮演的某一特定人物。教师职业角色的突出特征是角色组合。视障体育教师作为特殊教育教师角色的一类，在教育教学中更加体现了多种角色组合的特性，对视障学生的体育教学内容并非纯粹的教学，还需要许多与体育课堂教学没有直接关系的内容，比如教导学生行为、纠正学生"盲态"、疏导学生情绪、塑造学生品格、组织班级活动等。这些内容与角色的关系紧密、相辅相成，二者缺一不可。

教师角色是社会对教师职能的期待和要求，合理定位我国新时代教师的角色，对教师的教育教学工作具有指导性意义。基于不同视角可对教师角色进行不同定位。一，就"社会人"视角而言，教师的前途命运和国家、民族的前途命运紧密相连。教师要有浓厚的家国情怀，对国家有高度认同感、归属感、责任感和使命感，更要始终如一地忠于党和教育事业，成为党执政的坚定支持者，自觉做中国特色社会主义的坚定信仰者和忠实实践者，与党同心、与中国特色社会主义同行、与中华民族伟大复兴同进。二，就"文化人"视角而言，作为知识分子，教师在弘扬文化、传播知识、传承文明中，既是社会主义先进思想和中华优秀传统文化的弘扬者、传承者，也是社会主义核心价值观的坚定信仰者、积极传播者和模范践行者，更是中国梦的奠基者。三，就"职业人"视角而言，教师既要教书育人，甘当人梯、铺路石，成为学生价值观的培养者、理想信念的浇铸人，做塑造学生品格、品行、品味的大先生，做学生锤炼品格、学习知识、创新思维、奉献祖国的引路人，帮助学生筑梦、追梦、圆梦，又要勇担教育扶贫重任，做教育改革的奋进者、教育扶贫的先行者，为阻断贫困代际传递做出应有贡献。习近平教师角色论赋予体育教师角色三重意蕴，进一步拓宽和丰富了其角色内涵，可促使体育教师重新审视和明确自身的职业定位与角色功能，从而更好地开展体育教研、以体育人、体育文化传播、社会服务等相关工作。

（二）视障体育教师的角色

视障大学生是一群特殊的大学生，是特殊的教育对象，他们拥有和普通大学生一样的体育技能和健康知识的学习愿望和学习权利，但由于自身视障的受限，又有着与一般大学生不一样的身心发展特点。这就需要体育教师要用特殊的教学方法把体育的相关技能和理论知识传授给视障学生，补偿他们由于视觉缺陷造成的知识、经验等方面的缺乏，使得他们的身心得到正常的发展。要成为一名优秀的视障体育教师，首先就是要正确地认识视障学生。视障大学生属于特殊人群，但也首先是一名大学生，因此对正常大学生的教育方针、教育目的、教学方法和教学原则也都适用于他们。但视障学生有其特殊的一面，他们有着许多特殊的表现，需要体育教师加以观察和辨别，并展开有计划、有目的的教育教学活动来补偿。

二、视障体育教师专业水平发展

教师专业发展是指教师作为专业人员，在专业思想、专业知识、专业能力等方面不断发展和完善的过程，即是从新手型教师到专家型教师的过程。教师专业发展的内涵主要包括：（1）教师专业发展首先强调教师是潜力无穷、持续发展的个体；（2）教师的专业发展要求把教师视为"专业人员"；（3）教师的专业发展要求教师成为学习者、研究者和合作者；（4）教师的专业发展要求教师具有发展的自主性。教师的自主发展强调的是发展教师个体的个性和特长，使个体的潜质充分发挥出来。

视障体育教师属于体育教育专业中的特殊教育方向或特殊教育中的体育方向中的一个细的分支。目前，我国体育教育特殊教育方向或特殊教育体育方向在国内的开设时间很短，发展也比较缓慢。目前现有的研究或实践多集中在特殊教育的界定与内涵、特殊教育师资培养模式及专业化发展、开设体育教育专业特殊教育方向的必要性等方面。

新中国成立以后，特殊教育事业稳步发展。1978 年十一届三中全会以后，黑龙江肇东师范学校、南京特殊教育师范学校等开始招生，陆续也出现了各类研究文章和书籍出版。朴永馨是第一位教授特殊教育的大学教师，对中国现代特殊教育事业做出了重要贡献。1984 年她在北京师范大学成立了特殊教育教研室，教育部也着手先写了课程规划与教材，统一了人才培养目标、培养要求和专业知识能力，但是并不包含师资培养方案。通过众多研究表明，我国的特殊体育教师数量少，学历低，很少有受过正规培训，兼职居多。2001 年，天津体育学院拉开了我国体育类院校开办特殊体育教育专业的序幕。

目前，我国特殊体育体育师资培养刚进入起步阶段，2021 年教育部印发《特殊教育专业师范生教师职业能力标准（试行）》，提出了"四个维度、十二个领域"的具体内容与要求，此外，对具体实施提出了详细的要求。但由于特殊体育教育与一般体育教育专业不同，面对不同情况的残障人群，在体育课堂上要根据不同学生的不同特点来设计具体的课堂教学内容，这就使得特殊体育教师的专业化培养和发展的难度增大了很多。而面对视障学生的体育课堂，则要求体育教师必须经过视障人群身心特点、残障教育学、视障人群运动特点、特殊教育教师职业素养等多个方面的培养或者专业化培训。具体来说可以从以下几个方面来提升视障体育教师的专业化发展水平。

（一）学校系统的支持

1. 组织参与职前培训

职前培训要重点训练教育教学当中所必需的专业技能，强调教育专业知识和技能的双重基础，加强将教学理论应用于实践的教学实习训练，对新课改动态和新课程标准要深入地了解和掌握。对于非专业出身、刚踏入特殊教育领域的师范生而言，参与职前培训不仅可以迅速积累实用的教学技能，更能深入地了解特殊教育行业的特殊性。

2. 建立学校中的"师徒制"

现代教育中不难发现，短短几年的师范教育较难培养出优秀的师资，师范教育的结束并不意味着整个教师培养过程的终结。初任教师还需要花更长的时间将学习的理论知识应用到实践中，并接受实践的检验。所以，在学校中要对初任教师进行入职辅导，让经验丰富的教师前辈与初任教师

"结对带教"，对初任教师进行一对一的个别辅导。非专业背景出身的特殊教育教师一方面本身的专业知识储备不足，另一方面教学能力有所欠缺，因此，学校建立"师徒制"可以在一定程度上改善这两种状况。

（二）教师的自我专业提升

1. 制订专业发展规划，提升专业素质

教师必须了解自己现有的发展水平，分析专业发展的需求，同时考虑自己的优势与劣势，在了解专业发展的基础上去制订适合自己的专业发展规划。对于特殊教育教师，仅仅了解特殊教育知识是远远不够的，相关的专业要求如手语、盲文、康复手段、行为矫正技术及评估方法等都是特殊教育工作的重要组成部分。因此，特殊教育教师需要制订自己专业发展规划，更新和充实自己的特教专业知识和技能的储备，用持之以恒的学习精神开拓自己专业成长之路。

2. 保持职业期待，培养专业情感

保持高度的职业期待首先要对自己的职业有认同感，具有良好发展认同的教师对自己的职业发展会有更好、更高的期待，这种期待是激励特殊教育教师在工作中积极、认真的动力。职业期待较低的教师会形成"混日子"的工作状态。老师在初任特殊教育教师时有过很多教师都经历过的迷茫和困惑，但更多的是有着对特教教师这个职业的期待和自身持之以恒的进取精神，正是这种职业期待和进取精神让这些教师们在教师的专业成长之路上不断地进步。

3. 与家长保持密切联系，交流学生情况

特教教师与家长的沟通交流能够加强学校与家庭的联系，提高特殊教育的有效性。特殊学生的教育与康复，是一个细水长流、坚持不懈的过程，教师与家长需保持密切的联系，及时反馈学生的情况，保证特殊学生的教育和康复维持在一个相对稳定的水平上，进而一步步往好的方向发展。还可以成立家长委员会，家长不仅与教师及时沟通，还相互交流经验。此外，定期开设的康复知识讲堂，也使家长们能够获得一些行之有效的康复手段，让特殊学生即使在家中也能到得到良好的教育和康复。

第三节 教学质量要求与监控方法手段

一、教学质量要求

教学质量监控与评价机制由学校、学院两级构成。学校的教学质量监控是在校长办公会的领导下，接受校教学指导委员会和校教代会教学科研委员会的监督、评议，由教务处执行教学目标、教学过程、教学效果的全面监控和审核。学校制订《大学本科课程标准》《大学课程考核工作管理条例》《课程设置与管理暂行规定》等规章制度，对师范生教学的各个环节进行制度化的规范。

学校和院系两级主要针对教学过程的三个核心环节——教学准备、教学过程、教学结束——进行内部监控。将这三个教学核心环节中产生的评价与反馈信息汇总到教务处，经过综合分析，形成改进方案，促进下一轮教学的质量不断提升。

体育教学过程中要根据学科特点和实际需求，制订一系列针对性的教学管理规章制度，其中包括：第一，落实专业负责人层面的质量监控和评价，如专业负责人听评课制度、专业负责人参加的师范生座谈会制度、教学文档抽查制度；第二，落实学院教务办公室的质量监控，如教学档案库、教学评价反馈制度；第三，落实各教研室的质量监控和评价，如教研室负责人听评课制度等。

二、教学质量监控方法与手段

在校、院二级建立起来的多维监控制度之下，具体而言，专业教学质量评价与改进主要在如下节点定期开展。

在教学准备过程中，教务处和系/专业教研室对教学准备过程进行监控，确保教师具备教学资质，保障教学大纲、教学进度、教材及课程资源质量。

在课堂教学过程中，学校通过教学督导组、教学视导组、学风督导组等机构，进行领导听课、资深专家听课、学生评教等活动，及时了解教师课堂教学和学生学习的情况和问题，形成对教师教学、学生学习的评价和反馈信息。

在教学结束阶段，依托教学信息平台提供的数据，教师通过对教学目标、教学过程、考试结果分析等自我反思和评价，形成进一步教学质量改进的评价信息。

三、高校视障学生保障措施建设方向

（一）完善制度建设

建立健全针对视障学生教育的指导机制以及系统的特殊教育教师研训体系，提升特殊教育内涵建设，进一步优化相关规章制度，完善内部管理机制。

（二）调整经费结构

优化特殊教育投入机制，新增财力进一步向特殊教育群体倾斜；引进特殊教育专业人才，让专业的人干专业的事；完善家庭经济困难的视障学生资助政策等。

（三）开展公益宣传

视障学生培养单位应多视角、多渠道、多形式开展各类爱心公益宣传活动，让更多的人了解视障学生群体，接受特殊教育培训，知晓如何给这类群体提供帮助，助推校园精神文明建设。

案例分析

注重融合创新——上海师范大学为视障学子打造专属空间

上海师范大学是上海三所招收视障学生高校中招生持续时间最长、招生规模最大的高校，也是全国唯一真正实施"视障学生融合培养"教育模式的高校。"视障学生融合培养"教育模式就是平等面向每个人的教育、适合每位视障学生的个性化教育、为人才培养构建智慧教学环境的教育、更加注重视障学生全面发展的教育。学校秉承"融合培养"的教育理念，充分考虑视障学生身心发展需求，优化配置视障学生教育资源，切实助力视障学生更好地成长成才，在率先开展"视障学生融合培养"教育模式的探索与实践中取得了一些经验，为促进特殊教育现代化做出重要贡献。上海师范大学共有两个校区，总的运动场地面积为 12.8715 万平方米；奉贤校区体育场地总面积占 8.1385 万平方米，徐汇校区体育场地面积为 4.7330 万平方米，其中标准田径场共有四片，两个校区各两片，每个田径场都配置人工草坪足球场；包括笼式足球场、风雨篮球场、排球场、羽毛球场等场地。徐汇校区有一座球类综合馆；奉贤校区有两座体育馆，体育馆均包含篮球场、羽毛球、排球、乒乓球、体操、跆拳道、武术等运动教学场地以及教室、资料室、实验室、办公室等教学办公场所；并且还有室外标准50米游泳池一个、攀岩墙一片以及室外网球场、篮球场、排球场若干。

教育装备是教育现代化的重要标志，其高效地运用有利于增强学生学习兴趣和内驱力，增进学生观察理解、知识内化和实践能力。为人才培养构建的智慧教学环境是融合教育的物化条件，改变了知识的呈现、传递、交流、分享、评价等方式，实现教育与科技融合、理念与实践融合、课程与装备融合、师生与技术融合、软件与硬件融合、管理与应用融合。为此，上海师范大学对计算中心大楼进行了相应改造，新增大厅盲道、电梯盲文按键、房间盲文标牌等无障碍设施，建成了沪上高校首个无障碍学习空间；其中，盲文教材、盲文点显器、盲文打印机、助视仪、安装专业盲文软件的电脑等视障图书资料和电子专用设备一应俱全，为视障学生进行信息搜索、资料借阅、文件打印、学习交流等提供便利。

在未来，随着5G、大数据、物联网、人工智能等蓬勃发展，承载先进理念、融合现代科技的教育装备快速迭代，学校将依托无障碍学习空间组建服务团队，根据视障学生的认知规律和身心发展的特点对学习空间做升级改造，进一步激发视障学生好奇心、想象力和求知欲，培养学生思维、实践和创新能力。

参考文献

[1] 视障教育——上海盲校百年印证［M］.上海：上海教育出版社，2010：49-61.

[2] 路春雪.关于学校体育器材设施建设中的问题［J］.山东体育学院学报，1990（2）：27.

[3] 周志俊.论学校体育传统与风气［J］.体育科学，1995（6）：21-25.

[4] 视障学生社会适应能力训练的策略与实施［M］.北京：中国轻工业出版社，2015：120-126.

[5] 盲校课程与教学［M］.北京：北京师范大学出版社，2013：280-283.

[6] 杨刚.普通高校公共体育教学环境的评价研究［D］.江苏：南京师范大学，2007：22-23.

[7] 教育部办公厅关于印发《中学教育专业师范生教师职业能力标准（试行）》等五个文件的通知.［EB/OL］.［2021-04-02］.http://www.moe.gov.cn/srcsite/A10/s6991/202104/t20210412_525943.html.

[8] 赵小云，韩贵娟.非专业出身的特殊教育教师专业成长历程的个案研

究［J］.长春大学学报，2018（1）：121-124.

［9］卢泽宇.中美特殊体育师资培养的比较研究［D］.江苏：南京体育学院，2020：6-7.

［10］王靖奇.体育教学环境构成要素与功能设计［J］. International Conference on Technological Innovation and Education Development，Beijing，2018，June 23-24.

第六章 视障学生"体育与健康"课程中的心理辅导

第一节 视障学生的身心发展特点

一、视障学生身体及动作发展特点

（一）视障学生身体发展特点

（1）身体发育速度缓慢。视障学生的身体发育基本特征与正常人相同，都随着年龄增长而不断增长；但视障学生的发育速度较同龄健康学生要缓慢，例如，身高、体重、肩宽、胸围、腰围等发育水平，相对较低。此外，视障学生的青春发育突增期较正常学生也要迟 2 年左右。

（2）身体素质相对较差。视障学生的身体素质较正常学生要差，例如，视障学生的肺活量、运动负荷后的心率以及最大耗氧量等生理指标水平都低于正常学生。

（3）阳性体征检出率较高。在视障学生中，诸如驼背、脊柱弯曲等阳性体征的检出率要高于正常学生。

（4）第二性征发育相对迟缓。第二性征的出现是青春发育期的标志，而视障学生的第二性征较正常学生要迟 2 年以上出现。

（二）视障学生动作发展特点

视障学生由于视觉缺陷导致其对外界信息接收存在一定的局限，从而影响学生的正常动作学习与发展，从国内外关于视障学生动作发展特点相关研究来看，其主要存在以下特点。

（1）动作发展迟缓。爬、走、跑等动作是人类的基本动作，这些动作的掌握是儿童时期神经系统发育成熟的标志。以往研究表明视障儿童的动作发展要明显迟于正常儿童。Cratty（1970）等人在研究中表明，视障儿童通常不喜欢俯卧姿势，从而导致部分视障儿童缺少爬行动作阶段学习而直接进行直立行走动作的发展。由于个人成长环境不同，部分视障儿童的动作发展与正常儿童并无差异，也有部分视障儿童的行走动作的学习要迟于正常儿童 2 年左右。[①]

（2）平衡能力较差。由于视障学生不能正常接收视觉信息，导致无法对身体动作进行矫正，同时视障学生空间认知的缺陷也影响其根据听觉信息作出正确的空间位置调整。

---

① Cratty B J, Martin S. The Effects of a Program of Learning Games upon Selected Academic Abilities in Children with Learning Difficulties [J]. Blacks, 1970: 177–183.

（3）粗大动作发展优于精细动作。视障学生视觉上的缺陷使其不能正常的通过手眼协调配合来学习和完成精细动作，而只能通过耳朵和手的配合来完成，从而导致无法完成需要视觉信息协助完成的精细动作。由于要花更多时间来练习精细动作，从而使视障学生对粗大动作的发展要优于精细动作。

（4）盲相。盲相又称为盲态，是指视障学生早期由于干预不当而引起一种外部状态，表现出一些异常的身体动作，如摇头、注视光源、手脚不协调、行动迟缓、面无表情以及各种的畸形步态等。盲相并非所有视障学生的普遍现象，并且不同个体间盲相的程度也存在差异。适当的行为矫正与定向行走的训练可以有效克服盲相。

二、视障学生心理发展特点

（一）视障学生认知发展特点

1.视障学生感觉发展特点

人体的感觉主要包括视觉、听觉、嗅觉、触觉、味觉、平衡感、运动感以及内脏感觉等。通常情况下，视障学生需要借助其他感觉的代偿作用，以弥补视觉上的缺陷，其感觉发展主要有以下特点。

（1）部分或全部视觉缺失。视障学生由于视觉感知上的缺失，使其不能像正常人一样获得完整清晰的视觉表象，并根据个人视觉障碍程度的差异出现部分或完全视觉感知的缺失。

（2）听觉能力相对增强。由于视觉缺陷，使视障学生日常更多地以耳代目，通过听觉代偿视觉上的缺失，因此，视觉障碍学生的听觉相对正常学生更为灵敏。他们可以根据声音来分析辨别外界环境及自身所处的位置等。但并非视障学生的听力水平要高于正常学生，只是他们关注了更多正常学生常被忽视的听觉信息，由于听觉通道的使用频率增加，视障学生更加注重听觉信息，从而形成了高于常人的听觉注意力。长此以往，听觉记忆不断丰富，对声音的分析辨别能力也不断增强，从而使他们听觉功能相对增强。

（3）触觉感受性显著高于常人。视觉上的缺陷，使得视障学生更加主动利用双手来代替双眼，从而触觉感受性明显高于普通人。视障学生可以利用触觉，来分析辨别不同物体的属性，如温度、大小、位置、重量、形状、方向和距离等。

（4）部分视障学生存在特殊的"障碍感觉"。有些视障学生虽然眼睛看不见，但在行走过程中遇到障碍物时，较远距离就能感知到障碍物，并可以主动避开障碍物，就如同看到了一样，人们把这种远距离感知障碍物的能力称为"障碍感觉"。研究表明，之所以具有这种"障碍感觉"能力，是因为视障学生捕捉和感受到了普通人常被忽视的声音信息，并且触觉也感受到了空气中气流的细微变化，从而综合分析辨别出前方的障碍物。

2. 视障学生的知觉发展特点

知觉是作用于感觉器官的客观事物的整体在人脑中的反映。知觉通常是在实践活动过程中发展起来的，并且依赖于过去的知识与经验，如果感知的事物与过往的知识经验没有联系，则难以确认。

（1）利用其他知觉代偿视知觉。通常视障学生利用听知觉、触知觉和嗅知觉等来代偿视知觉，其中，听知觉和触知觉在所有知觉中占主导地位。例如，视障学生可以借助地面的硬度来感知所处的位置，还可以根据声音知觉辨别他人，甚至凭借气味来识别他是谁。

（2）知觉整体性不完整。虽然视障学生的其他知觉可以代偿视觉，但与普通人相比仍存在知觉整体的不完整性。如视障学生可以感知物体是什么，具有什么形状、大小、硬度等属性，但不能感知辨别其颜色等属性信息。

（3）知觉选择性困难。由于听和触都是主动感知的过程，因此视障学生在听和触摸的时候，通常无法回避一些无关的信息，从而使其知觉选择性较为困难。

（4）知觉恒常性不稳定。当知觉条件在一定范围内发生改变时，知觉的映像仍保持相对不变，这就是知觉恒常性。视障学生视障恒常性的形成通常比普通人要晚1–3年，并且呈现不稳定的情况。如普通人在物品被拿走后他们会主动寻找，而视障学生则认为该物品已经没有了，并不会去寻找。

（5）知觉理解性缓慢。由于其他感知觉感知事物的速度远不及视知觉，因此视障学生在没有直接的视觉和触觉经验时，很难理解一些概念。

（6）视障学生的时间知觉。普通人通常利用时钟、生物信息以及自然环境等来比判断时间。而视障学生通常借助自身的生物节律及周期性特点等形成对各项事件的先后顺序和时间长短的判断。此外，还可以借助触摸盲表来进行判断。

（7）借助触觉和动觉感知空间。空间知觉是指客观事物的空间属性在视障学生大脑中的反映。空间知觉并非与生俱来，而是后天习得的，具体包括形状知觉、大小知觉、距离知觉、立体知觉以及方位知觉等。

（8）借助听觉和触觉感知运动。视障学生通常借助听觉和触觉来感知事物的运动，例如，通过事物运动的声音强弱和音调等，来判断事物的运动情况等。

3. 视障学生的注意发展特点

注意是人的心理或意识对一定对象的指向和集中，是一种可以通过外部行动表现出来的内部心理状态。视障学生与普通人的注意发展具有一定异同。从相同点来看，其具有同样的注意产生与发展的生理机制，两者注意的活动过程、种类、品质等具有一定的共性。从不同点来看，视障学生的听觉、触觉等有意注意比普通人要强；视障学生对客观外界事物直观形象的第一信号系统的注意相对减弱，而对语词的注意和感知通道应用频率增加，使第二信号系统的注意要强于普通人；由于缺乏视觉系统的无意注意的干扰，使视障学生的注意更为稳定；视障学生注意的外部表现为停止不相关的活动；视障学生的注意分散表现在事项上开小差。

4. 视障学生个体记忆发展特点

记忆是通过回顾、保持、再现等方式，在人们头脑中积累和存在个体经验的心理过程。视障学生记忆发展的主要特点有：较难依靠视觉表象进行记忆；一般以听觉和触觉记忆为主；机械识记能力较强。

5. 视障学生个体想象发展特点

想象是人脑对头脑中已有的表象进行加工改造，创造出新形象的过程。

视障学生想象发展的主要特点有：以视觉表象为材料基础的想象受限；具有比较丰富的听觉想象；间接知识的获得主要依靠再造想象来获得；视障学生的想象常带有个人和情感色彩。

6. 视障学生个体思维发展特点

思维是人脑借助于言语、表象和动作实现的对客观事物的概括和间接反映。视障学生的思维发展特点有：形象思维较为缺乏；易出现片面性思维，因而抓不住事物的本质特征；易用已感知的事物来推理，从而容易出现错误；可借助语言工具来进行形象或抽象思维活动。

7. 视障学生个体语言发展特点

视障学生的智力发展并没有缺陷，并且听觉功能正常甚至更好，因此语言水平完全可以达到普通人的水平，但毕竟缺少了一条获取语言的重要途径，因此视障学生个体语言发展存在一定的特点：部分存在发音不准、口吃或颤音等现象；会出现词与事物形象相互脱节的现象；语言材料积累主要依靠听觉途径；不能借助表情、手势、动作来帮助表达语言；母语非普通话的视障学生通常口语普通话水平会更好一些；由于感知不到一些视觉词汇，因而在积累词汇上受到一定影响；由于缺乏视觉交流，使得部分视障学生在交流中出现"多语症"情况，忽视对方的交流与参与。

（二）视障学生情绪发展特点

（1）情绪不稳定。视障学生常存在情绪不稳定、易激动或情绪低落、爱发脾气等特点。一些视障学生由于比较敏感，常认为自己受到别人的注意，最忌讳别人触及自身的缺陷，并且不能较好调整心态，从而影响自己的情绪。

（2）焦虑和挫折感。视障学生由于视觉缺陷，使其在日常生活的学习中，普通学生较容易学会的技能，自己却要付出巨大的努力才能获得，并且常常遭遇失败，从而导致其焦虑和挫折感的产生。

（3）自卑情绪。视觉上的缺陷、生活学习中的种种困难、周围人的态度以及各种失败的挫折感，致使视障学生常出现自卑情绪，主要表现为：萎靡不振、意志消沉、缺乏远大理想等。

（4）防卫心理较强。部分视障学生对普通人存在疑惧心理，导致自我保护意识较强。这除了社会原因外，还存在一定心理原因，多数视障学生将自身的不幸或失败归咎于社会、家庭、学校等环境因素，从而导致其感到委屈、不平，甚至出现无端敌意、侵略性及对环境的严重不适应。除此之外，部分视障学生还存在孤独感以及相对较强的自制力。

第二节　视障学生体育课中心理辅导的目标、原则及注意事项

一、视障学生体育课中心理辅导的主要目标

（一）帮助视障学生摆脱心理障碍

在体育课堂教学中，对个别存在心理问题的学生，实施有针对性的心理辅导，帮助他们摆脱心理障碍，解决心理问题，积极进行自我调节，提升他们的社会适应能力。

（二）促进视障学生对体育知识技能的掌握

通过开展心理健康辅导，充分发挥视障学生的心理潜能，促进视障学生对各项体育知识、技能的学习与掌握。

（三）总结探索体育课中视障学生心理辅导的经验

探寻体育课中开展符合视障学生心理发展特点的心理健康教育的方法和途径，并积累具有体育教育特色的视障学生心理健康教育的实践经验。

二、视障学生体育课中心理辅导的主要原则

学生心理辅导既是一项复杂的系统工程，同样也是一项具有较强专业性和技巧性的工作。因此，除必须采用科学的方法和手段外，还需严格遵守一定的心理健康辅导的原则，这些原则对体育课中开展心理辅导具有重要的指导意义。视障学生体育课中的心理辅导需遵循以下七项主要原则。

（一）全面性原则

全面性原则是指在体育课中的心理辅导需要面向全班所有学生，全体学生均为心理辅导的对象及参与者。在具体实施过程中，需要关注全体学生的发展，考虑大多数学生的共同需求及普遍问题，并通过面向全体学生开展心理健康辅导，一方面使学生对心理健康有积极的认识，心理素质逐步得到提升；另一方面，借助心理疏导和激励，帮助学生学习和掌握各项体育知识与技能。不能仅关注个别学生的心理问题，而使绝大多数学生的心理发展需要得不到满足。贯彻全面性原则时，我们需注意：首先，了解和把握所有学生的共同需求以及普遍存在的心理问题；其次，所有学生要

一视同仁，创造条件，让尽可能多的学生参与教学过程中来；最后，一切心理辅导工作都要以有利于全体学生的发展为出发点。

（二）个性化原则

个性化原则是指在体育课中的心理辅导需要关注且重视学生的个别差异，同时依据不同学生的差异性特点和需求开展个性化的心理辅导。由于每个学生的身体素质水平、家庭环境、心理状态、生活经验以及社会背景等各不相同，并具有鲜明的个性化特点。因此，在具体实施心理辅导时，我们需注意：首先，了解学生在性别、年龄、家庭背景等方面的差异对学生心理问题的影响；其次，因材施教、区别对待，采用灵活的教学方法或手段，最大限度满足学生个性化的心理需求；最后，认真做好总结和归纳，积累不同的案例经验，从而有效应对个性化的差异。

（三）主体性原则

主体性原则是指在体育课中的心理辅导需要时刻以学生为出发点，将学生置于主体地位，一切教学活动都要围绕学生全面健康发展来展开。所有的心理辅导都要通过学生的主体活动来进行，没有学生主体的参与，则没有心理辅导的有效性；如果学生处于被动地位，则教育也沦为一种强制行为而毫无意义。因此，遵循心理辅导的主体性原则，需要我们注意：首先，所有的教学或心理辅导工作都要从学生实际情况和需求出发，教师选择的内容、组织的活动等都要以学生的现实经验及存在的问题为依据；其次，尽可能创造良好条件，使学生处于主体地位，尊重学生主体地位，发挥学生主体作用，鼓励学生的情感宣泄和心声倾诉；最后，教师需要全面了解学生的心理特点、生活、兴趣爱好以及行为习惯等，走进学生的内心深处，从而引发与学生的共鸣，进而获得他们的认可。

（四）整体性原则

整体性原则是指在体育课中的心理辅导需看作为一个有机整体，并以提升学生心理素质和整体素质为目的，注重学生德智体美全面发展。因此，在具体实施过程中，我们需注意：首先，树立全面发展的观点，关注学生人格的完整与身心素质的全面发展；其次，从整体的角度对学生心理问题进行分析，综合考虑内外因、主客观以及社会家庭和个人等之间的相互关系；最后，需综合运动多种科学方法手段，来提升学生的心理健康。

（五）预防性原则

预防性原则是指在体育课中的心理辅导除了关注对心理问题的疏导与矫治外，还需重视心理卫生知识的教育宣传工作，从而做到未雨绸缪，防患于未然。在落实预防性原则时，我们需注意：第一，依据学生的年龄及认知特点，分层次开展教育宣传工作；第二，熟练掌握视障学生常见的心理问题及应对策略。

（六）保密性原则

保密性原则是指在体育课中的心理辅导需对学生的个人相关情况予以保密，确保学生个人隐私及名誉权得到切实保障。贯彻保密性原则，我们需注意：第一，学生的个人资料或信息不得随意泄露外传；第二，在特殊情况下，如出于研究需求，需要利用案例信息时，要事先征求个人同意。

三、视障学生心理辅导过程中的注意事项

（一）坦诚相待

视障学生由于视觉上的缺失，无法与普通人一样正常生活和学习，自身存在一定的自卑和防卫心理。因此，在进行心理辅导过程中，要特别注重对视障学生的坦诚相待，用实际行动让他们感觉到你在真真切切地关心和爱护他们，同时要尽可能地夸赞和鼓励他们，增强他们的自信心，使他们与你成为无话不谈的知心朋友。

（二）学会倾听

视障学生由于长期处于视觉黑暗当中，常出现孤独感、自卑感、焦虑等心理问题。因此，在视障学生的心理辅导过程中，我们还需学会倾听，让他们倾吐自己内心的想法和需求，同时我们要对他们的诉说表示同情和关心，并根据实际情况给予帮助和激励。

（三）用心关爱

视障学生自带的自卑、焦虑和孤独情绪，需要我们用心去关爱，让他们真切感受到爱的鼓励、爱的关心和爱的温暖，并逐步消除焦虑感和自卑孤独感。

（四）注重互动

在体育教学中的具体心理辅导，要重视与学生的互动，尽可能调动学生表达的欲望，特别是对于那些寡言少语、自卑感较强的学生，通过语言

或肢体上的互动交流，让他们消除对沟通交流的畏惧，并逐步敞开心扉参与到正常的师生和生生间的互动交流中来。

（五）及时引导

在体育课的教学过程中，我们要时刻关注学生的言行及心理状态，做到及时发现存在心理问题的学生，并根据实际情况予以指引和疏导。

（六）开放包容

体育教学中要尊重学生的个性特点，用开放和包容的态度面对所有学生的个性差异。每个学生由于自身家庭环境、生活习惯、心理等方面存在较大差异，导致学生间的身体素质、心理状态以及体育学习能力也存在较大差异，因此，我们需包容他们的差异，并尽可能地来满足他们体育学习过程中的身体和心理上的需求。

第三节　视障学生的主要心理问题、原因及辅导

一、视障学生存在的主要心理问题及原因

视障学生与普通学生一样，同样要面对社会、生活、学习以及所处环境和人际关系等多方面的困难和压力，并且除此之外，视障学生还由于视觉缺失等身体上的生理缺陷，需要比普通学生经受更多的和更复杂的压力和痛苦。因此，也导致视障学生产生一些诸如自卑、抑郁、依赖、焦虑、情绪不稳定等不良的心理问题。

（一）情绪不稳定、喜怒无常

情绪不稳定的视障学生通常表现为情绪无常、时好时坏。例如，在体育课上，刚开始同大家一样愉快地上课，突然间就毫无征兆和理由地发起脾气来；或者同大家一起进行合作练习，突然就因为一点小事便开始发脾气，甚至与同学产生矛盾。在日常教学过程中，我们会发现诸如此类的情绪变化激烈、以自我为中心的学生，这类学生通常被认为喜怒无常、自由任性。看似毫无理由地情绪变化，但我们细分析来看，其实也存在一定的原因。即使是正常的学生，也可能因为各种原因出现情绪不稳定的现象，更何况对于视障学生。因此，此类学生的心理问题主要存在以下几个原因。

第一，大脑生理机能偏差。在人体大脑中有控制情绪的神经中枢，对于患有癫痫或大脑器质性疾病的学生，可能因为此类问题导致情绪不稳定或情绪失常的情况。对于此类学生，教师应确认学生是否进行有效治疗或按时服药等，如果病情比较严重的还需督促学生及时就医。

第二，生活起居及饮食不规律。在长期睡眠不规律或极端偏食而导致营养不良的情况下，容易引发学生情绪焦虑不稳定。

第三，对刺激的过度反应。部分视障学生对触觉、听觉等感觉特别敏感，可能对普通学生看来没什么特别的刺激，换作他们便会感到焦虑不快。例如，对触觉较为敏感的学生可能不喜欢别人摸他的头或从背后触摸等。面对此类学生，教师可以将学生不喜欢的刺激融合到其乐于参与的游戏或比赛中来，让他们逐渐习惯这些刺激。此外，过度反应还常常由于经验不足或不理解的情况所致，因此可以借助语言说明或重复同样的经验等方法让他们逐渐熟悉周围环境。

第四，不良人际关系。情绪通常是在人与人的交往过程中发展起来的，如果视障学生与同学或老师的关系没能处理好，常处于一种不满的状态中，就会打破他们的情绪安定，从而出现情绪不稳定或情绪激动的情况。针对此种情况，教师应鼓励学生积极与他人进行交流沟通，并且可以组织各类需要人与人互动合作的游戏或比赛，逐步提升他们的人际交往能力。

第五，学习中经受挫折与不满。学习中的成功体验是满足学生心理需求的重要方面，视障学生由于视觉缺失，导致其对运动技术的掌握存在一定困难，如果长时间不能学会，常处于失败的体验当中，无法获得成功的体验，从而导致学生产生焦躁不安的情绪。面对此类情况，教师需有针对性地对其进行个别教学，让学生由易到难循序渐进的分步学习，获得不同环节的成功体验，并逐步提升他们的自信心。

第六，社会性不成熟。社会性不成熟的视障学生通常在多人团体活动中出现各种情绪不稳定的情况，比如他们在一对一的人际交往中，可能情绪表现较稳定，一旦换成团体交往活动，他们便无法适应，出现焦躁不安的情绪。对于此类情况，教师需先让他们在人数较少的团体中活动，慢慢融合到多人团体活动中来。

（二）注意力分散、学习不专心

视障学生当中还常常出现心神不定、注意力分散和学习不专心等问题，但这些现象并非视障学生所独有，即使在正常学生当中也常有出现。导致视障学生学习不专心的原因主要包括注意力存在缺陷、外界环境刺激干扰、运动能力差等因素。

第一，注意力存在生理缺陷。注意力存在缺陷问题的视障学生容易分心，并且较易被其他无关刺激所吸引而出现学习不专心现象。对于此类学生最好的办法就是及时就医，并谨遵医嘱按时服药，积极治疗。

第二，外界环境刺激干扰。由于视障学生视觉缺陷，导致其较易被外界环境的刺激所干扰，从而不能集中注意力于所学内容上。因此，教师在体育课教学中，需尽量减少与教学内容无关视觉或听觉刺激，尽可能让学生集中注意力于所教内容上。

第三，运动能力差。由于视障学生视觉缺陷，导致其基本的运动能力较差，长此以往也致使其出现好静不好动、缺乏学习动力等现象，并且遇到困难时缺乏主动克服的信心。对于此类学生，教师需有针对性地调整学习内容难度或教学策略，为他们尽可能提供获得成功体验及被认可的感受，提升他们的自信心。

（三）自卑、抑郁、缺乏自信心

心理学家研究认为，人的性格养成是受到先天遗传因素以及后天环境和教育因素两方面影响的。对于视障学生而言，由于视觉上的缺陷，导致他们的生活、学习和交往环境受到各种限制，多数仅局限于自己狭小的视障群体交流圈，更多的时间处于自我封闭的状态，最终导致他们出现无法正常参与各类大大小小的社会活动，表现出自卑、抑郁以及缺乏自信心等心理问题。他们在日常生活、学习和工作中，一方面需要付出比常人多数倍的努力来克服各种困难和压力，另一方面还要担心经受他人的各种同情或歧视，因此视障学生同时表现出具有强烈的自尊心，而这些情绪、压力和负担如果长时间不能得到缓解，最终会导致自卑情绪的产生。

（四）紧张、焦虑、过度依赖

随着视障学生年龄的不断增长，一方面，他们对自身未来工作、家庭、生活等各方面的美好憧憬与期盼也逐渐急迫，变得更加现实；另一方面，由于生理上的先天缺陷，又担心害怕不被社会所接纳，而无法实现自己对未来美好生活的向往，从而出现紧张、焦虑等心理问题。此外，也存在部分视障学生，他们长期受到家庭、学校和社会的百般呵护，没有建立起独立、自主的生活习惯，从而出现过度的依赖心理，凡事都要等待别人的帮助，缺乏自我独立的能力。

二、视障学生体育课中的心理辅导

（一）视障学生的自我意识辅导

1.视障学生自我意识的特点

自我意识是指个体对自己作为客体存在的各方面的意识。视障学生常常会出现对自我片面的消极评价问题，而视障学生自我评价又容易受他人评价的影响，特别是他人的负面评价，最容易导致视障学生对自己的片面消极评价，从而出现"我不可能学会""我真没用""我不如别人"等消极的想法。

2.视障学生的自我意识辅导

（1）学会全面评价自我

对于视障学生来说，想要做到全面自我评价并非易事，需要教师的指导与帮助。教师体育课堂教学过程中，可以全面对学生进行分析，找出学生的优缺点，让学生知道自己并非一无是处，也有自己的优点。例如，在学习投实心球时，某同学总投得不如其他同学，因此出现自暴自弃的想法，这时教师应引导学生全面评价自己，自己投得没有其他人远主要原因是由于自己的年龄最小，个头和肌肉力量还不如他们，但是自己的基本动作比他人都标准，如此引导来提升学生的全面评价能力和自信心。

（2）学会接纳自我

自我悦纳是衡量个体心理健康的重要标准，它是指无条件地、全面地、愉快地接受自己所有的内在品质和外在特征。视障学生要客观地认识到自己与普通人确实存在着不同，明确自己能做什么不能做什么，建立恰当的自我概念对其人格发展具有重要影响。因此，在体育课堂教学中，教师可以通过客观的事实描述在现有情形下应该怎样使自己做得更好，并克服种种困难完成相应的运动动作，展现自己虽然视力不及常人，但同样可以通过努力完成常人所能做到的动作，从而使学生学会自我接纳，增强自信心。

（3）培养自信心

在视障学生的体育教学过程中，培养和增强学生的自信心是一个重要的环节。教师可以从以下几个方面来指导学生培养自信心。

第一，自己的形象自己说的算。让学生淡化别人的评价，并且不管别人怎样评价自己，都坚信自己的形象自己说得算。

第二，学会自己设定目标，并针对不妥之处随时调整。体育学习中，教师要让学生学会了解自己的能力、应该达到什么水平、需要设立怎样的目标以及如何达成等，让他们学会自己主动地管理自己，而不是什么都由别人来决定。

第三，避免消极的自我暗示。引导学生学会客观认识自己，积极寻求弥补不足的解决方法，并且避免自暴自弃的消极自我暗示。例如，在学习乒乓球发球技术时，某学生因为胆怯球总发不过去，并总是自言自语说"自己不行"的自我消极暗示，此时教师应积极引导学生，遇到困难时不应自暴自弃，而应该首先分析球发不过去的原因，并寻求更正的练习方法和手段，通过努力来积极更正。

第四，尽力发现自己的优点和长处。在体育教学中，存在部分学生只关注自己的缺点，而忽视自己的优点。此时，教师要引导学生发现自己的优点和长处，并通过言语的鼓励增强其自信心。

第五，促使学生积极主动地与他人沟通交流。教师除了引导学生进行自我肯定，还需要促使学生积极主动地与他人友好交往，往往当学生得到同伴的鼓励和肯定时，自信心会有明显的增强。

第六，鼓励学生不断提升发展自己。体育课堂教学中，不管是学生遇到困难时，还是取得较大进步时，教师都要不断地鼓励学生持续努力并不断提升发展自己，让他们体会到只要付出就有收获。

（4）学会自我学习设计

教师需要引导学生全面客观地设计自己的学习计划，在全面客观了解自己实际情况的基础上，一步一步地为自己的未来学习设计一幅蓝图，并在教师的指引下一步一步地实现，逐步增强自己的自信心。

（二）视障学生的学习心理辅导

1. 视障学生的学习特点

视障学生由于视觉上的缺陷，使其在体育技能学习中与普通人相比在身体素质和心理状态上均存在一定的障碍，例如，视障学生动作发展迟缓、协调和平衡能力相对较差等身体动作上的障碍以及学习动机、学习态度偏差、缺乏持久性、学习挫败感以及学习期望低等心理上的学习障碍。因此，在具体的体育教学过程中还需根据视障学生的学习特点合理进行相应的心理辅导。

2. 视障学生的学习心理辅导

（1）学习动机和学习态度的辅导

帮助视障学生理解体育学习的价值意义，并端正学生的学习动机，克服影响学习积极性的心理障碍，提升学习兴趣，并逐步形成积极主动的学习态度。在具体的体育课堂教学中，教师可以通过丰富课堂教学的手段和方法来激发学生的学习动机，例如，多样化的器材运用和练习手段；设定具有挑战性的运动任务以体现成功的喜悦；积极的过程性的评价反馈，激发学生学习热情；增加同伴间的合作互动练习，体现合作的乐趣，等等。

（2）养成良好的学习习惯

指导学生养成符合不同体育项目或技术学习规律的良好习惯，如学习球类项目时，引导学生养成课前或课下固定时间进行球感及相应技术的自主练习等。

（3）学习策略的辅导

根据视障学生的实际情况，帮助他们制订科学的学习目标、学习方法、学习步骤等学习策略，让他们在现有条件下，最大效率地有序进行体育学习。

（4）考试辅导

由于不同学生实际情况各不相同，有的同学学习和掌握的情况较快，而也有部分同学对个别技术动作掌握较慢。因此，在期末阶段需根据实际情况，对个别学生进行技术指导，让他们消除考试带来的负面消极心理障碍，逐步完成考试内容。

（三）视障学生的情绪辅导

1.视障学生的情绪特点

由于视障学生视觉上的缺陷，使其在生活和学习中存在较多困难，从而容易产生烦恼与痛苦，进而表现为自卑、焦虑、疑恐心理、情绪不稳定等特点。

2.视障学生的情绪辅导

在实际体育课堂教学中，教师需要从情绪表达和情绪调节两方面对学生进行合理的引导。一方面，教师需要帮助学生从声音、表情以及肢体等方面合理地表达自己内心的情绪；另一方面，还应帮助学生理智地来调节自己的情绪，不被情绪所左右，这就需要学生及时进行自我情绪分析，识别不良情绪，宣泄消极情绪，并通过自我激励、转移注意等方法积极地来调节情绪。

（四）视障学生的社会适应辅导

1.视障学生的社会适应特点

（1）生理缺陷引起的不良适应

由于视障学生视觉上的缺陷，使其对环境的适应能力和自我调节水平要低于正常人，从而产生某些不良的心理障碍，如自卑心理、自闭、孤僻、以自我为中心等。

（2）不合理认知引起的不良适应

视障学生常由于自身发展和外界社会不良因素的影响，使其产生不合理认知，进而导致不良的社会适应，例如，自我认知不合理，对自己缺乏客观全面的评价；社会认知不合理，对他人的评过于片面；对他人的看法和态度容易走向极端，缺乏理性和客观的认知。

（3）角色转变引起的不良适应

当环境变化引起角色转变时，由于新角色与原角色的特点和要求差距较大，导致新角色扮演不成功，从而出现适应障碍。例如，人际关系交往紧张，出现交往冲突；情绪波动大，情绪郁闷；自尊心和自信心受挫，产生自我怀疑；工作和学习积极性和效率低下等。

2.视障学生的社会适应辅导

（1）对生理缺陷引起不良适应的辅导

要想使学生克服生理缺陷引起的不良适应，就要求教师引导学生发现自己的优点和长处，提高自我价值感；体育课堂教学中尽可能组织多样化的团队合作练习活动，增加学生的人际交往机会，逐步提升学生的人际交往能力；此外，教师还需要有爱心，以民主、平等、友好、和善的态度对待每一个学生，让他们感受到自己处于充满爱的环境中。

（2）对角色转变引起不良适应的辅导

对于因为角色转变引起不良适应的学生，教师需要对其进行正确合理的角色分析，让学生明晰角色的内涵与特征，应该怎样胜任角色并完成角色的任务要求，此外，还需要引导学生正确认识他人对角色的期望。比如，在乒乓球教学比赛中，教师安排每位学生轮换担任运动员、教练员、裁判员等不同角色，教师需要首先让学生了解如何胜任各个角色，其次还要让学生正确客观地认识他人的期望。

3. 挫折适应辅导

在实际的体育课堂教学中，同一技能并非每个学生都能顺利掌握，同一学生并非在每项技能学习中都很顺利。因此，在体育学习、训练和比赛中总会遇到各种各样的失败和挫折。当出现这种情况时，教师首先应鼓励和安慰学生，让他们不至于因为失败而感到气馁，其次，还要对失败的原因进行分析，并帮助学生克服困难，战胜失败。在具体的体育课堂教学中，依据学生自身的运动水平及技能掌握情况，合理安排教学内容、教学方法与手段，尽可能让学生获得学习进步的成功体验，逐步提升学生自信心。

参考文献

[1] 徐洪妹. 视障教育——上海盲校百年印证［M］. 上海：上海教育出版社，2019：23-42.

[2] 钱志亮. 如何帮助视障人［M］. 北京：中国盲文出版社，2008：

71–103.

［3］郝春东，柏立华．特殊群体心理学［M］．黑龙江：黑龙江大学
　　　出版社，2012：31–44.

［4］李季平．视障学生心理健康与辅导［M］．北京：中国盲文出版社，
　　　2005：21–98.

第七章 视障学生课外
体育锻炼促进策略

　　课外体育锻炼是指学生在课余时间里，运用各种体育手段和方法，进行以增强体质、促进身心健康、丰富课余文化生活等为目的的身体活动。课外体育锻炼是学校体育的重要组成部分，是体育课的延伸和补充。尽管课外体育锻炼缺乏教师的直接指导，但仍可以有效提高学生的体育实践水平，培养学生自觉、主动参与体育锻炼的意识和习惯。党和政府近年来也颁布了《关于加强青少年体育增强青少年体质的意见》《国家学生体质健康标准》、《关于强化学校体育促进学生身心健康全面发展的意见》等一系列政策性文件，强调学校应将课外体育锻炼纳入教学计划中。

第一节　健身理论知识普及

　　由于视力缺陷，视障学生不能很好地通过视觉来获取信息，直接影响他们认识环境、适应环境的能力，在体育锻炼过程中容易产生恐惧感，进而导致他们不自觉地缩小活动范围或不活动，造成身体形态和体能与正常人群的差异。只有正确认识自己的身体结构和功能，才能科学、合理地进行体育锻炼，激发视障学生体育锻炼的兴趣，养成健身的习惯。

一、了解自己的身体结构

我们的身体从外表看，可分为头、颈、躯干和四肢几个部分。身体的表面是皮肤，皮肤下面是皮下组织、肌肉、骨骼等，肌肉和骨骼围成颅腔、胸腔和腹腔，胸、腹腔之间以横膈为界。胸腔里面有心、肺；腹腔里面有胃、肠、胰、脾、肾、膀胱等内脏。

（一）人的躯体及各部分功能

1. 头的功能

头是指人体脖子（颈椎）以上的所有器官，通常包含脑和大多数感觉器官，如眼、耳、鼻、口等器官，支撑着人体的各种感官功能，如视觉、听觉、嗅觉、味觉等。其中，眼睛是人体接受外界光学刺激、引起视觉、获取外界信息的器官。正常情况下，人们从外界获取的信息，90% 都是由眼睛完成的。先天或后天因素导致的视力下降（视力障碍），将对日常的生活、工作和学习造成极大的影响。

视障学生由于视觉缺陷，听觉、触觉、知觉、嗅觉等成为他们感知客观事物的主要途径。视障学生通过听觉可以了解事物的空间位置与距离，辨别是熟人还是陌生人；通过触觉可以感知物体的形状、大小、湿度、光滑度等特性，甚至可以用舌头穿针引线。但是，视障学生的这些能力并不是先天的，而是后天通过生活实践和训练的结果。

2. 颈部的功能

颈部是由颈椎组成，上承头颅下接躯干，神经血管交错密集。大脑发出的各种指令经颈部传输到躯干和四肢，身体感受到的各种刺激也以神经冲动的方式经颈部传送到脑。由于颈椎解剖位置/解剖结构异常、颈髓以及颈椎周围组织的疾病而引起的临床上以视物模糊、复视、视野缺失、飞蚊症等视力障碍为主要临床表现的疾病，称为颈源性视力障碍。颈源性视力障碍与颈部姿势密切相关，当头部处于某种特殊姿势时，视力障碍及颈椎病症状加重，这可能与植物神经功能紊乱和椎基底动脉供血不足有关。

3. 躯干的功能

躯干是指除头、颈和四肢外的躯体部分。前面为胸部、腹部，后面为背部和腰部。在胸与腹之间有一横位的肌肉，叫膈肌，将躯干内腔分为胸腔和腹腔。胸腔内有心脏、肺等脏器；腹腔内有胃、肠、肝、脾、胰等脏器。躯干骨包括24块椎骨、1块骶骨、1块尾骨、1块胸骨和12对肋骨，参与脊柱、骨性胸廓和骨盆的构成。

4. 四肢的功能

四肢，有上肢和下肢，左、右对称合称为四肢。其中上肢可分为前臂、上臂和手，下肢可分为大腿、小腿、足。人体的四肢有多种功能，例如，人的手指十分灵敏，可以感觉到振幅只有0.00002 mm的振动；人们也习惯在说话的同时用手势来表达感情；手通过大脑控制可以完成很多动作，如举起一杯牛奶送到嘴边；双足也可以创造出很多高难度动作，譬如足球、跳高、跳远等。

（二）人体的主要脏器及功能

中医学把人体内重要脏器分为"脏"和"腑"两大类。"脏"是指实心有机构的脏器，包括心、肝、脾、肺、肾五脏；"腑"是指空心的容器，有小肠、胆、胃、大肠、膀胱等分别与五脏相对应的五腑。另外中医将人体的胸腔和腹腔分为上焦、中焦、下焦，统称为三焦，作为第六个腑。其中五脏具有储存精气的功能，六腑具有消化、吸收营养物质以及排泄糟粕的功能。

1. 心脏

心脏的主要功能是为血液流动提供动力，把血液运行至身体各个部分。正常成年人安静时心率有显著的个体差异（60 ~ 100 次 /min 之间），平均在 75 次 /min 左右。心率可因年龄、性别及其他生理情况而不同。初生儿心率很快，可达 130 次 /min 以上。在成年人中，女性的心率一般比男性稍快。同一个体，在安静或睡眠时心率减慢，运动或者情绪激动时心率加快；在某些药物或神经体液因素的影响下，会使心率加快或减慢。另外，经常进行体力劳动或者体育锻炼的人，平时心率较慢。

2. 肝脏

肝脏是人体中最大的消化腺。我国成年人肝的重量男性为 1230 ~ 1450 g、女性为 1100 ~ 1300 g。肝脏除分泌胆汁、促进脂类物质的消化和吸收外，还参与多种物质的合成、分解与转化，因此，它也被称为物质代谢的"中枢"。此外，肝脏还可以通过生物转化作用对非营养性物质（包括有毒物质）进行排泄，对进入人体内的细菌、异物进行吞噬，以保护机体。

肝的下界，右侧与右肋弓一致，中部超出剑突下 3 cm，位置表浅，易受外界暴力撞击而导致肝破裂。在对抗性强的体育项目中，如篮球、足球和拳击等，以肘、脚、拳等打击右腹部时，肝脏可因强烈的震荡、牵拉、扭转而破裂，也可能因为骨折的肋骨断端刺伤肝脏而导致破裂。

3. 脾脏

脾脏是人体最大的淋巴器官，具有滤血、储存血液的功能。在胚胎早期还能产生各种血细胞，出生后失去造血功能，但当机体处于严重缺血或某些病理状态下，可恢复造血功能。需要注意的是，脾脏质地柔软，受到外物撞击时，容易破裂出血，危及生命。

4. 肺

肺是人体的呼吸器官，其主要功能是进行气体交换，即从外界吸入氧气并排出二氧化碳，这一过程也称为呼吸。呼吸过程的完成需要呼吸肌（膈肌和肋间肌）的参与。以肋间肌活动为主的呼吸称为胸式呼吸，以膈肌运动为主的呼吸称为腹式呼吸。婴幼儿以腹式呼吸为主，成年人的呼吸形式一般是混合式的，但女性偏重胸式呼吸，男性偏重腹式呼吸。运动时采用何种呼吸，应根据有利于技术动作的完成但不影响正常呼吸为原则，灵活转换。比如体操中的手倒立、肩手倒立、头手倒立、吊环十字悬垂等动作需要胸肩带部位固定的技术动作，应采用腹式呼吸，可以消除重心不稳的影响；而对于需要腹部固定的技术动作，呼吸方式应转换为胸式呼吸，

如"两头起"的静止动作时，采用胸式呼吸有助于腹部动作的保持和完成。

视障学生呼吸调节能力较弱，在学习和运动过程中易屏住呼吸，集中精力在听和辨认方位方面，这不利于心肺功能的正常发展。因此，在安排课外锻炼活动时，应以中等强度的运动为主，循序渐进。特别是初期参加锻炼的视障学生，往往由于兴奋而过早地进入运动，使身体产生不适，不利于以后健身习惯的养成。

5. 肾

肾被称为人体的"清道夫"，它的基本功能是产生尿液，并借以清除体内代谢产物、毒物，同时重新吸收水分及其他有利于人体的物质，如葡萄糖、蛋白质、氨基酸、钠离子、钾离子、碳酸氢钠离子等，以维持水盐平衡、酸碱平衡和电解质平衡。如果肾脏功能发生障碍，代谢产物蓄积于体液中，将严重影响人体新陈代谢的进行，严重时可致尿毒症，危及生命。

6. 胆

胆的主要功能是贮存、浓缩胆汁。胆汁由胆盐、胆色素、胆固醇、卵磷脂、钾、钠、钙等组成。未进食的情况下，胆汁储存在胆囊中，当人体进食时再把胆汁排泄到十二指肠，促进脂肪的消化分解和脂溶性维生素的吸收。

7. 胃

胃是人体的消化器官，其主要功能是接受、储存摄入的食物，并通过胃的蠕动和胃液的作用，将食物搅拌、消化并形成食糜后，送至十二指肠以便进一步的消化和吸收。

8. 大肠和小肠

小肠的主要功能是消化吸收，大多数营养物质都在小肠彻底消化，比如淀粉消化为葡萄糖、脂肪消化为甘油和脂肪酸、蛋白质消化为氨基酸，然后这些小分子有机物在小肠吸收，最终进入毛细血管。大肠的主要功能是在结肠中吸收食物中的水分，通过蠕动使粪便向肛门移动，同时也能吸收少量的小肠中未被吸收的营养成分。不同身高的人其大肠、小肠的长度不同。根据对普遍人群的调查，人体大肠平均长度为 1.5 m，小肠平均长度为 5 ~ 7 m。

9. 膀胱

膀胱的主要功能是暂时贮存尿液和排出尿液。膀胱正常容量为 0.35 ~ 0.75 L，通常当尿量贮存到 0.4 L 时，膀胱壁上的感受器会把刺激传给神经系统的排尿中枢而引起排尿。

（三）人体骨骼及功能

成年人共有 206 块骨，按照部位可分为中轴骨和附肢骨，其中，中轴骨又可分为颅骨（29 块）和躯干骨（51 块），共 80 块；附肢骨包括上肢骨（64 块）和下肢骨（62 块），共 126 块。骨的主要功能是构成人体的支架，支持软组织；人体完成机械运动的杠杆，为骨骼肌提供附着点；构成颅腔、胸腔、腹腔和盆腔的框架，保护脑、心脏等器官。此外，骨中富含钙离子和磷离子，也是人体的钙磷储备仓库。

（四）骨连结及功能

骨与骨之间由纤维性结缔组织、软骨或骨组织相连结，称骨连结。按照结构和功能不同可分为无腔隙连结和有腔隙连结。无腔隙连结是在骨与骨的连结面上没有腔隙，大多没有活动性；有腔隙连结指骨与骨的连结面上有明显腔隙，活动性较大，也称为关节，是肢体运动的枢纽。关节绕着相互垂直的三个轴（额状轴、矢状轴、垂直轴）可以做屈和伸、内收和外展、内旋和外旋等运动。年龄、性别、体育运动是影响关节运动幅度的重要因素，尤其是体育运动，经常参加体育锻炼，既可以提高关节的灵活性，也可以增强关节的稳定性。

（五）肌肉

人的肌肉按照结构和功能不同可分为骨骼肌、心肌和平滑肌。骨骼肌是人体运动的动力，绝大多数附着于骨骼，少数附着于皮肤，称为皮肌。骨骼肌在神经系统的支配下，其收缩和舒张引起骨产生运动。人体的各种随意运动以及表情、咀嚼、吞咽和发音等活动均由骨骼肌收缩来完成。心肌，只存在于心脏，是构成心壁的主要成分。心肌有节律性地收缩和舒张使血液能够在心脏和血管内不断地循环流动。平滑肌广泛分布于人体消化道、呼吸道以及血管和泌尿、生殖等系统。平滑肌可以通过缩短和产生张力使器官发生运动和变形，也可产生连续收缩或紧张性收缩，使器官对抗所加负荷而保持原有的形状，前者如胃和肠，后者如动脉血管、括约肌等。

（六）神经

神经系统是人体内起主导作用的功能调节系统，一方面控制与调节人体各器官、系统的活动，使人体成为统一的整体；另一方面通过神经系统的分析与整合，使机体对环境变化的刺激做出相应的反应，达到机体与环境的统一。在体育活动时，骨骼肌的各种收缩都是在神经系统的控制下完成的。肌肉收缩时，消化活动减弱，心跳和呼吸加快，以适应肌肉工作的需要，因此，运动表现与神经系统的功能是密切相关的。

二、生理学基础知识在运动中的作用

运动过程中身体机能的评定是一个多指标、多层次、多因素的综合评定体系。可根据评定的目的和测试对象的年龄等情况选择测试指标，并依据生理、生化原理，对测试结果做出客观、全面、科学的综合评定，从而科学地指导运动训练过程，提高训练效果。

（一）脉搏

运动过程中，脉搏在一定范围内与吸氧量、人体做功能力呈线性相关。因此，运动过程中脉搏的快慢能反映运动强度的大小；安静状态下，脉搏可反映机体的恢复程度。

1. 安静时脉搏

有训练经验的运动员，常出现窦性心动过缓的现象，即安静时脉搏低于每分钟 60 次，这是心脏机能状态良好的表现，也是对长期训练的适应性反应。

2. 晨脉

晨脉即基础脉搏，是清晨起床前清醒状态下卧位的脉搏数。随训练年限的延长和训练水平的提高，晨脉适当减慢。如果晨脉突然加快或减慢，要注意身体是否出现过度疲劳或疾病。

3. 运动中心率

运动中的心率主要用于控制运动强度和判断机体的疲劳程度。

（1）控制运动强度

运用心率控制运动强度应根据训练目的不同而异。如是发展速度还是发展耐力，是发展无氧耐力还是发展有氧耐力。具体应用方法如下。

① 在重复训练中根据脉搏的变化调整运动强度。重复训练中常要求运动员在规定时间内完成同样的距离，如使运动强度保持在一定范围内，在一定时间内完成一定的距离时，脉搏的数值也应相对稳定。如果脉搏的数值下降，则运动机能水平提高，可增强运动强度以提高运动水平；反之，脉搏数值升高，则表明运动机能水平下降或运动强度过大，应根据运动员的反应不断调整运动强度。

② 在耐力训练中控制运动强度。研究证实，如要提高心肺机能和最大摄氧量（VO_{2ma}）水平，训练强度必须要达到一定的阈值，即心率要达到一定的数值。尽管目前我国还没有设定视障青少年体育锻炼中运动强度与心率之间的正常阈值，但考虑到视障青少年的缺陷和运动强度低于正常人的情况，从运动的安全性和有效性出发，有研究将视障青少年的运动强度阈值设置为：小强度为不紧张的运动，稍出汗，心率稍高于正常值，80 次 /min 以下；中等强度为较激烈的运动，出汗较多，心率在80 ~ 120 次 /min 以内；大强度为激烈运动，出汗很多，心跳很快，心率在 120 ~ 150 次 /min。

（2）判断机体的疲劳程度

定量负荷以及在完成规定的成套动作时，运动者心率较平时明显增加，则表明机体的机能水平开始下降或者身体已经疲劳。

4.运动后心率

在定量负荷后的规定时间内测定心率的恢复速度可以判断机体的疲劳程度。身体机能状态良好时，心率恢复速度快；而疲劳或过度疲劳时，则恢复速度减慢。

（二）血压

血压是大动脉血管内血液对血管壁产生的侧压，是心室射血动力和外周阻力相互作用的结果，也是反映机能状态和判定疲劳程度的常用指标。

1.清晨血压

身体机能状态良好时，清晨血压较为稳定。若安静血压比平时升高20%左右，且持续两天以上未恢复，往往是机能下降或疲劳的表现。

2.运动状态下血压

一般情况下，收缩压随运动强度的加大而升高，舒张压不变或有轻度的上升或下降。若运动时脉压差（收缩压与舒张压之间的差值）增加的程度较平时少，出现梯形反应，无休止音者，运动中出现无力型反映，则说明机体的机能水平下降或出现疲劳。

（三）乳酸阈

乳酸是无氧糖酵解的重要产物，在递增负荷运动中，血乳酸浓度随运动负荷的递增而增加，当运动强度达到某一负荷时，血乳酸出现急剧增加的那一点（即乳酸拐点）称为"乳酸阈"，这一点所对应的运动强度即为乳酸阈强度。它反映了机体内的代谢方式由有氧代谢为主过渡到无氧代谢为主的临界点或转折点，是评定有氧工作能力和制定有氧耐力训练强度的重要指标。

1. 评定有氧工作能力

最大摄氧量（VO_{2ma}）和乳酸阈是评定人体有氧工作能力的最重要指标，两者反映了不同的生理机制，前者反映心肺功能，后者主要反映骨骼肌代谢水平。VO_{2ma}受遗传因素的影响比较大，训练提高VO_{2ma}的可能性较小；相反，乳酸阈受遗传因素影响较小，可训练性较强。因此，利用VO_{2ma}评定人体有氧能力增进是有限的，而乳酸阈值的提高是评定人体有氧能力增进更有意义的指标。

2. 制订有氧耐力训练的适宜强度

乳酸阈强度是发展有氧耐力的最佳训练强度。研究表明，优秀耐力运动员具有较高的乳酸阈水平。同时纵向研究也表明，以乳酸阈强度进行耐力训练后，可有效提高有氧工作能力。

（四）最大摄氧量（VO_{2MAX}）

最大摄氧量是指人体在进行有大量肌肉群参加的长时间剧烈运动中，当心肺功能和肌肉利用氧的能力达到本人极限水平时，单位时间内（通常以分钟为计算单位）所能摄取的氧量。最大摄氧量反映了机体吸入氧、运输氧和利用氧的能力，是评定人体有氧工作能力以及制订运动强度的重要指标之一。

1. 评定心肺功能和有氧工作能力

最大摄氧量是反映心肺功能的综合指标。大量研究表明，最大摄氧量水平的高低是耐力项目取得优异成绩的基础和先决条件，并且耐力项目的运动成绩与最大摄氧量之间呈现高度相关，如 800 m 游泳成绩与最大摄氧量的相关系数为 0.75；5000 m 跑成绩与最大摄氧量相关系数为 0.81。

2. 制订运动强度

将最大摄氧量强度作为 100% VO_{2ma} 强度，然后以 VO_{2ma} 强度，根据训练计划制订不同百分比强度，使运动负荷更客观更实用，为运动训练服务。

（五）尿蛋白

正常人在运动后出现的一过性蛋白尿为运动性蛋白尿。正常人安静时尿中只有极微量的蛋白质，为 2 mg% 左右，用一般方法不易检出。如果尿中蛋白质含量升高时，可通过常规方法检测出蛋白质含量。检测运动性蛋白尿可以用来评定负荷量和运动强度，观察机体对运动负荷的适应能力，评价运动员机能状态。

1. 评定负荷量和运动强度

对于同一运动项目而言，随着负荷量的增加，尿蛋白出现的阳性率和排出量也随之增加。运动员进行大负荷量的运动时，由于机体对负荷量不适应，尿蛋白排泄量增多；持续一段时间之后，完成相同负荷量的运动时，尿蛋白排泄量减少，这是机体对负荷量逐渐适应的表现。运动后尿蛋白排泄量与运动强度密切相关。

2. 评价机能状态

人体机能状态的好坏，对负荷的适应性与尿蛋白排出量有关。当机能状态良好，对运动负荷适应性良好时，完成定量负荷后，尿蛋白的排出量减少，恢复期缩短；当机能状态欠佳，对负荷的适应性较差时，则尿蛋白排出量增加，恢复期延长。因此运动性尿蛋白可作为评定人体机能状态的指标。

（六）血尿素

蛋白质和氨基酸等含氮物质在分解代谢中，先脱下氨基，氨在肝脏转变为无毒的尿素，经血液循环排出体外。正常人尿素生成和排泄处于平衡状态，故血尿素保持相对稳定。成年人安静时血尿素一般为 28 ~ 40 mg/mL。运动时蛋白质及氨基酸分解代谢加强，尿素生成增多，使血液中尿素含量增加。一般来讲，当机体进行 30 min 以内运动时，血尿素水平变化不大；超过 30 min 的运动时，血尿素含量明显增加，并且身体对负荷的适应性越差，运动生成的尿素也越多。

蛋白分解代谢加强，不仅发生在不适应的运动时，还会持续到运动后的恢复期，常表现为运动后次日或第 2 ~ 3 天仍保持较高的分解代谢，经休息后可恢复，恢复的速度与人体的机能状态有关。如果运动后血尿素水平升高，次日清晨恢复至正常水平，则表明人体对运动负荷适应；如果血尿素水平在次日清晨仍停留在较高水平或未来几天持续升高，则表明机体对运动负荷不适应，身体机能尚未恢复。

第二节　选择合适的健身方式

常用的健身方式有很多种，如跳绳、爬楼梯、慢跑、快走、健美操、瑜伽、太极拳、骑单车等。但由于视力缺陷，有些运动方式对视障人群具有局限性，应根据视障个体的自身特点和锻炼需求，选择合适的方式进行健身。

一、适合视障学生的健身方式

适合绝大部分视障学生的健身方式是跳绳。它对心肺功能、身体协调性、减肥等均有积极的促进作用。跳绳的形式多种多样，包括单人跳、多人跳。单人跳包括有单摇、双摇、单摇编花、双摇编花、单人特短、绕八字等。多人跳可有两人一组的外手转摇跳，也可有多人一起的跳大绳等。

除此之外，视障学生日常比较喜欢参与的健身活动还有太极拳、慢跑、瑜伽、盲人乒乓球、盲人足球、盲人柔道、中国象棋等。

二、选择适合自身情况的健身方式

健身方式要因人而异，只有选择适合自己的合理、科学的健身方式，才是最好的。对于视障学生而言，选择适合自己的健身方式应坚持以下原则。

（一）坚持以有氧训练方式为主

视障学生的自我呼吸调节能力较弱，在学习和运动过程中，往往会屏住呼吸，集中全力于听和方位辨认，不利于心肺功能的正常发展。在安排健身活动内容和运动量时，应以中等强度为主，练习时也要平和进入。在内容选择上，应以中等强度的有氧健身为主，如太极拳、健美操、瑜伽等，不宜安排拔河、举重等需要憋气的项目。在学生具有一定的锻炼基础后，适当增加运动量；也可选择由视障学生自己控制运动量和运动密度的训练内容。同时，要教会视障学生自我测量脉搏掌握心率变化，学会调节运动量，一旦出现不良征兆时，自己要学会以慢走来调整呼吸，而不是立即躺下或蹲下。

（二）发挥视障学生的优势，创造更好的训练环境

视障学生对节拍音乐、悦耳的声音有特殊的感受，他们会在声音的影响下自主进行运动。视障学生在进行体育健身时，应尽量配有音乐和节奏，这样会极大地提高视障学生健身的兴趣，并促进视障学生学习和掌握技术动作。在安排内容时尽量避开难度较大的项目，如常见的呼啦圈、柔力球、抛接物体等，选择可以在他们控制范围内进行的，如器械练习中的扇子舞、太极扇、手帕舞等。

第三节　养成良好的健身习惯

生命在于运动，运动贵在坚持。养成良好的健身习惯是现代人健康生活的方式之一。尤其对于视障学生而言，由于活动形式受限，导致其身体健康水平下降。帮助视障学生养成良好的健身习惯，有助于提高他们的健康水平。培养视障学生的健身习惯，旨在引导视障学生科学地进行体育健身，培养视障学生的主体意识，使其能够积极主动地健身，形成良好的健身习惯。

一、制订健身计划

视障学生由于视力缺陷，缺乏适当的体育锻炼或体育锻炼不足导致身体机能水平下降，且学生个体差异较大，因此在制订健身计划之前，

应对视障学生的体质状况进行综合评定，并结合评定结果，有针对性地选择合适的健身项目，制订科学的、定量化的周期性锻炼计划，以达到健身的目的。

（一）体质状况的评定

1. 身体形态

身体形态发育水平即体格的发育是否正常、强壮，体型是否匀称，这是决定一个人体质水平的要素之一，通常可以通过身高、体重、胸围、上臂围、坐高及身体成分（皮脂厚度、体脂百分比和去脂体重）等指标衡量，其中最重要的三个形态学指标——身高、体重和身体成分的测量与评价方法见表7-1。

表 7-1 身体形态测定方法和注意事项

身体形态指标	测试方法	注意事项
身高	标准身高计	水平板与受试者头顶接触时，松紧度要适度；读数时两眼要与压板等高
体重	标准杠杆体重计或台秤	测量前对仪器进行准确度和灵敏度检验
身体成分	皮褶厚度测定法；皮脂厚度计体重指数（BMI）测定法	

2. 生理功能

运动生理工作者认为，若要对心肺功能做出较全面，应测量人体在相对安静状态、定量负荷状态及最大负荷状态下的机能反应。目前最常用的几种方法和注意事项如表7-2所示。

表 7-2　生理功能测定方法和注意事项

生理功能指标	测试方法	注意事项
肺活量	回转式、桶式或电子肺活量计	如采用回转式肺活量计，测定前要根据水液将游标温度指示器调至与水温一致的地方；测试前向受试者讲解测试方法和动作要领并做示范；检测员应注意观察，防止因呼吸不充分、漏气或再吸气影响测定结果
最大摄氧量	奎因（Queen）台阶实验 12 m 跑测验	Queen 仅适用于女性
心血管机能	哈弗台阶实验	

3. 身体素质

将身体素质可分为力量、速度、耐力（包括肌肉耐力和全身耐力）、爆发力（力量 × 速度）、灵敏性、平衡性和柔韧性等，具体测定方法见表 7-3。

表 7-3　身体素质测定方法和注意事项

身体素质指标	测试方法
力量	握力、背肌力
爆发力	爆发力
耐力	上下台阶运动
柔韧性	俯卧后仰、立位体前屈
平衡性	闭眼单脚站立
灵敏性	反复横跨

（二）选择运动项目

根据视障学生体质评定的结果，有针对性地选择运动项目。

（1）提高平衡性和方向感的项目。平衡性是人体控制身体的基本能力之一，除了前庭功能和本体感觉的控制外，视觉控制也具有不可忽视的作用。对于视障学生而言，因为视觉功能的缺失，丧失了很大部分的平衡性；而方向感的决定因素主要来自视觉，这两方面也是个人生活能力的重要组成部分。因此，为了提高这两个方面的能力，视障学生可以重点参与定向行走、盲人足球、盲人乒乓球及自行车比赛等运动项目。

（2）提高身体协调性的运动项目。部分视障学生因为在生活中参加活动较少，尤其是应对外界刺激的快速反应能力较弱，因此肌肉、骨骼、关节得不到全面的锻炼，使部分关节僵硬，动作不协调。针对提高该项素质的要求，可以参加盲人太极拳、太极剑及传统体育项目（如扭秧歌等项目）。

（3）改善身体形态、提高抵抗力的运动项目。视障学生因视觉障碍，参与运动时间和方式较少，因此导致他们身体肥胖、免疫力降低、容易生病等次生问题。为了改善健康状况，同时结合视障学生的兴趣爱好，可以定期组织带有一定竞技性的运动项目，如游泳、跳绳、健身操等。

二、制订健身计划

根据国家所倡导的"每天锻炼一小时"，教师可以帮助视障学生制订一小时健身计划，每天坚持锻炼，逐步养成健身习惯。但是每个人情况不同，所需训练的肌肉不同，所制订的训练计划也就不同。同时，一份训练计划不可能一劳永逸，要根据肌肉训练的情况不断调整，要有周计划、月计划等。因此，想要制订一个能够顾全所有人的恒定不变的健身计划是不可能的，教师可以将适合视障学生的能够训练各部分肌肉的方式进行整合。

视障学生身体主要肌肉群训练方式如下：

（1）背部肌肉训练方式：俯卧撑等；

（2）腹部肌肉训练方式：仰卧起坐，仰卧举腿等；

（3）臀部肌肉训练方式：蹲起等；

（4）腿部肌肉训练方式：跑步，跳绳，蹲起，蹲走，蹲跳，上下小椅子交替，半跪半跪站立起等；

（5）上肢肌肉训练方式：俯卧撑，举哑铃等。

家庭每日健身计划可选择晨练，也可选择晚练，早晨30分钟的活动内容如慢跑、太极拳等，晚饭后30分钟的活动内容如散步、仰卧起坐、俯卧撑等。

校园里每日体育活动，由学校进行科学安排，如早晨五分钟早操，第二节课间30分钟广播操，具体活动内容可由体育老师安排。

三、落实健身计划

视障学生的健身计划要切实实施下去，就要逐渐养成良好的自主健身习惯，需要做到以下几点。

（1）坚持不懈，有顽强毅力。任何体育训练都需要吃苦流汗，同时需要长时间、自始至终地坚持。视障学生健身本身存在的困难就比较多，要坚持下来，养成习惯更是难上加难。因此，必须要有顽强的毅力，不轻言放弃。

（2）互相监督，结伴敦促。一个人训练总是让人感到孤单，容易放弃。而与好友结伴，相互监督、相互督促，则使训练变得更加有趣，更具有竞争性，坚持下来便没有那么困难。

（3）选择兴趣，寻找乐趣。在训练过程中，教师也可引导视障学生选择自己相对喜欢、较为擅长的项目，在运动中感受自己的身心变化，寻找到运动的乐趣，从而乐在健身，爱上健身，天天健身。

第四节　参加健身活动

适合视障学生参加的健身活动包括定向行走、视障乒乓球、视障自行车、视障足球等。

一、定向行走

定向行走是指视障学生运用各种感官确定自己在一定环境中及其他物体之间的相互位置关系的过程，训练视障学生能在各种环境中进行有目的地、安全、有效、独立自如的行动。定向行走是视障学生一生中最重要的技能之一，是视障学生走出家门、接受教育、实现就业、融入社会的重要途径。

定向行走包括两大部分：一是定向，即利用除视觉以外的其他感觉器官了解周围环境，以确定自己所在的位置及与其他物体的相互关系；另一方面是行走，从环境中的一个地方安全、有效地移到另一个地方。

（一）定向的技巧

1. 视障学生心理地图

视障学生要想安全有效地到达自己要去的地方，必须在出发前问自己三个问题：我在哪里？我要去哪里？我怎样去那里？通过问答这三个问题，帮助自己制订行走的计划或在头脑中构思一个旅行路线图。

如果视障学生在行走前未能对行走路线在心理上形成一幅地图，其身边的明眼人应该制一幅触摸地图或带领视障学生走一趟。无论是上述哪种情况，明眼人都要让视障学生了解路上的重要路标和线索，如建筑物、电灯杆、特殊位置的树、邮筒、交通岗、特殊质地的路面及熟悉的声响、气味等，以便帮助视障学生确定好方向，有效地行走。

2.认识声响、气味和环境的关系

利用听觉判断自己所处的环境和位置是视障学生在行走中最常用的一种方法。日常生活中有许多声响是与其特定的环境有联系的，如听到朗朗的读书声，就可判断前面是所学校；听到商贩的叫卖声，则意味着农贸市场就在附近；鸟啼声意味着前面是树林；蛙鸣声意味着接近了池塘；流水的哗哗声提醒你离小河不远了。除此之外，还可以根据汽车声响判断汽车行驶方向，根据来自前后左右各种车辆行驶声判断十字路口的位置，也可以根据走路时的脚步声、用嘴发出"哑哑"声的回声判断前面是否有楼房或其他较高的障碍物，如果有障碍物，回声发闷；没有障碍物，则声音发空。

嗅觉对视障学生辨别方位及行走也能提供许多有效的信息，如餐馆的饭菜香味、医院的消毒水味、油漆店的油漆味、花店或田野花香、垃圾堆腐臭味等都可帮助视障学生识别特定的环境。

3.根据风和阳光辨认方向

太阳和风可以帮助视障学生辨别方向。如果视障学生知道每天的时间和太阳的位置，就能以太阳光照在身上或脸部的热为依据帮助自己定向。早晨，如觉得太阳光直射在脸上，就知道正对东面；下午，如觉得太阳光照在身体左侧，就知道是正对北面。同样，如果视障学生知道风向，也可利用风吹到身体或脸部的不同位置来辨别方向。利用风辨认方向，最好是在空旷的地方，因为风遇到较高障碍物时，容易改变其方向，致使判断失误。

4. 识别各种路标和线索

路标和线索可以使视障学生不致迷路。路标可以是门边的大树、公路的上下坡、路旁的大岩石、水沟、商店、电线杆、邮筒，也可以是不同质地的路面，如柏油路、土路、石路等。线索尽管不像路标，但好的线索也能帮助视障学生判断他所在的位置，如操场上孩子们玩耍的叫喊声，农村场院扬麦人的说笑声等都可帮助视障学生确定自己目前所处的位置，但要注意线索的短暂性。

（二）定向的影响因素

视障学生的定向能力受其主观状态（心情、身体状况）、自然环境（天气、路面）等情况的影响。

1. 视障学生的主观状态

当视障学生心情舒畅、自我感觉良好时，在行走中辨认物体比较容易；当心情压抑、感觉厌烦时，辨认能力就降低。健康状况对定向的影响也比较大。身体健康时，嗅觉、听觉都很灵敏，能感知环境中极微小的变化；而当身体不佳时，特别是伤风感冒咳嗽、头晕鼻塞时，定向能力就很差，在这种情况下，独立行走就很困难，外出时最好结伴而行。

2. 自然环境

自然环境如天气、路面等对视障学生走向的影响也不容忽视。晴天时，各种声音听得较清楚，而阴天时，特别是刮风下雨时，各种声音变得暗哑了，较难辨认。因此刮风下雨时，视障学生最好不出门，如必须出门，行走时一定要精神集中，最好使用雨伞而尽量不穿雨衣。不得不穿雨衣外出时，一定要设法将耳朵露在雨衣外面，否则容易迷失方向，甚至有时会发生危险。

关于路面，一般来讲干燥的路面可以听到敲击或踏踏的脚步声，较易辨认环境；泥泞的地面不易辨认；覆盖地面的雪如已冰硬，较易辨认环境，如地面刚被落下的一层软雪盖住，则最难辨认。

此外，后天训练对视障学生定向能力的培养起着巨大的作用。父母是视障学生的第一老师，因此父母对视障学生定向行走的影响是不能忽视的。首先父母不要过分保护视障学生，要让他们自由行动，培养他们独立、坚韧的性格，但同时又不能把他们丢在一边不管，不要让他们在自由活动中过分受到伤害，以免使他们在几次伤害之后，再不敢移动半步。

（三）定向行走的方法

视障学生可用三种安全的行走方法：明眼人带路、独走及使用盲杖。

1. 明眼人带路

明眼人（也称导盲人）根据需要站在视障学生左边或右边，然后用手背轻轻地触碰视障学生的手背或告诉视障学生他将被带领。视障学生用他的手沿着明眼人的手臂向上触摸，直至肘关节，然后轻轻握住肘关节上方，拇指在肘部外侧，手指弯向内侧。视障学生应将肘部紧贴身体，以防行走时左右摆动。视障学生在行走时，应总比明眼人慢半步左右。

需要注意的是，视障学生应跟在明眼人后面。明眼人不应在视障学生后面推他前进，这会使视障学生遇到危险。视障学生也不要用双手搭在明眼人双肩上，直接跟着明眼人走；虽然这样可由于明眼人的身体保护，使视障学生有一种安全感，但若视障学生绊倒或失去平衡，他将跌向前方，推倒明眼人，这是非常危险的，特别是在附近有许多汽车的地方尤其危险。

2. 独行

独行技巧，是指视障学生在了解环境的基础上，在熟悉的环境中不持杖的行走方法。独立行走时，门窗、桌椅等设施和其他家具，以及墙壁上的附设物件容易碰上视障学生，因此加强自我保护是安全行走的有效措施。视障学生的自我保护，主要包括上部保护和下部保护。视障学生在独立行走过程中，上下部的自我保护应结合应用，以扩大保护范围。当手或臂触及障碍物时，应立即停止行进，并及时判断和处理。

（1）上部保护

动作方法：视障学生一臂屈肘抬起，上臂略高于肩，使前臂横于面前，掌心向外，指尖略超过对侧肩，以保护头部。

注意事项：① 上部保护时，抬起的手臂适当放松，主要保护头及面部；② 实际生活中可根据情况变通使用上部保护方法：如将前臂竖于面前，可以防止类似单杠类的横向物体碰撞；将前臂与水平线成45°，既可挡防横向物体又可挡防纵向物体；③ 前臂与身体保持一定的距离，当遇到障碍物时才有足够的反应时间；④ 在右侧通行的规则下，一般用左侧手臂进行上部保护，以避免碰上路边的窗户；⑤ 行进中保持动作不变；⑥ 低视力者不要让胳膊挡住视线。

（2）下部保护

动作方法：一侧手自然下垂后移至身体中心线前——位于体前约 20 cm 处，掌心向内，五指放松。

注意事项：手臂与身体的距离不宜过远或者过近，否则会影响探知障碍物的有效性，若太近，来不及反应；太远，则手臂太累。必要时与上部保护法一起使用。

3. 使用盲杖

使用盲杖的意义是，将视障学生的手臂延长，使视障学生了解自己身体周围的情况。盲杖常见的持法主要有斜持握法、垂直握法等。

（1）斜持握法

动作方法：① 手的握法：用握手的方法握住杖柄。大拇指在盲杖的上端，食指自然贴于盲杖扁平的一侧，指尖指向仗尖方向，中指、无名指和小指托住仗柄的下端，虎口向前；② 臂的位置：手握盲杖手柄，手臂伸直在身体的一侧放松下垂；③ 盲杖仗尖触地向前滑动，直至手臂完全伸直；④ 持杖手手腕内转，使盲杖尖端滑向身体对侧，仗尖略超出对侧肩外约 5cm。

注意事项：① 应先在持杖的那只手上建立动觉意识，使持杖的手适应盲杖的手柄及重量，然后再结合行走进行训练；② 在拥挤地区行走时，斜持握法也可采用"短杖姿势"，即视障学生将手臂稍弯曲，手握在手柄下部使盲杖更靠近身体。

（2）垂直握法

动作方法：垂直握法就是像抓铅笔一样，拇指、食指、中指握住盲杖，使盲杖与地面保持垂直，持杖手在身体的一侧。

注意事项：垂直握杖时，盲杖有一定的高度，必要时可采用握拳法及大拇指下压法。

二、盲人乒乓球

乒乓球是我国的国球，具有运动的竞技性、娱乐性、健身性和教育性。盲人乒乓球是中国残疾人新兴的一项体育项目，也是盲人参与社会活动的重要途径，深受视障人群的喜爱。在视障学生中开展盲人乒乓球活动，一方面可以使学生掌握一技之长，培养自主锻炼的能力，进而提高视障学生的体质健康；另一方面，通过乒乓球运动的技能，可以发展学生的身体协调性、速度、耐力等身体技能。

（一）盲人乒乓球的特点

第一，运动设备简单，具有很高的普遍性。盲人乒乓球运动只需一块不大的场地、一张球台、两个球拍、眼罩即可开展，特别适合于活动场所狭小、活动经费紧张的地方开展，不同年龄、性别的人均可从事该项运动。并且该项运动没有身体上的接触，对参与者没有任何伤害，是男女老幼皆宜的体育项目，但是不合理的击球动作会造成肌肉的拉伤、挫伤等伤害。所以运动前视障个体应充分做好热身运动，拉伸身体各肌肉，活动全身各关节。第二，该项运动游戏性强，对参与者的协调性、智能性有很大的提高作用。盲人乒乓球通过参赛者听球的声音，准确判断来球的方向并及时将球回击给对方，而且还要考虑回击角度和力量使对手失误，以取得胜利。另外，盲人乒乓球因其球小、速度快、声音变化多，因此对参与者身体移动、头脑的判断、反应快慢都是很好的一种锻炼方式。

（二）盲人乒乓球与普通乒乓球的区别

在器材方面，与普通乒乓球桌相比，盲人乒乓球桌的两端多一条高约 1 cm 的边框，球桌上还有一条凸起的白线。边框是判断球是否出界的界限，可以用手摸到的白线则是发球区的标记。与普通乒乓球相比，盲人所用的乒乓球和球拍很特别，看似和普通乒乓球无异的橙色、白色乒乓球不会弹跳，球的直径为 4 cm，每个特制的盲人乒乓球都装入了总重量为 3.6 ～ 3.8 g 的 4 个金属小球，球一动就会发出"哗啦哗啦"的声音，盲人乒乓球拍又长又窄，且板上无胶皮。

在比赛方面，盲人乒乓球比赛是一种用球拍打击专用球在桌面上滚动而进行的运动项目。盲人比赛时主要靠金属球在乒乓球内滚动所发出的声音而辨别来球方向。任何一点声音都会对比赛造成干扰，所以盲人乒乓球比赛被称为"静悄悄的比赛""没有任何喝彩的比赛"。比赛中，由于盲人之间的视力有差异，无论是全盲还是低视力个体，均统一佩戴黑色眼罩，以保证比赛的公平竞争。

在发球方面，每次发球前，发球者都要事先提醒对方，听到对手回应后才能发球。盲人乒乓球比赛比想象的激烈得多，运动员根据乒乓球滚动时发出的声音判断来球方向，及时做出反应。但与普通乒乓球比赛不同的是，盲人乒乓球比赛时，球是从网下滚过，没有越过边框的球算好球。

（三）盲人乒乓球运动的优点

1. 老少皆宜

由于盲人乒乓球比较安全，运动量可大可小，速度可快可慢，因此参与者既有青壮年盲人，也不乏年老者。他们在参与中没有因为年龄差异而带来不便，且收获相同。

2. 对器材和环境的要求比较低

盲人乒乓球拍比普通球拍要简单，而且在环境上只要求相对安静，14 ~ 15 m² 大小的空间即可。除此之外，与普通乒乓球相比，由于盲人乒乓球不离开球案接球，因此对前后左右回旋空间的要求要小得多。

3. 集娱乐健身健脑于一体

在盲人活动中，既能愉悦身心，又能健身健脑，盲人乒乓球可谓当之无愧。在活动中盲人只需用心倾听来球方向，及时调动肢体击打来球，才能完成此项活动，对盲人的听力、反应能力和小脑协调具有整体提高作用，而且具有很强的年龄普及优势。

4. 较高的锻炼价值

作为一项运动，盲人乒乓球所特有的特点决定了参与者以下方面的受益：① 全身的肌肉和关节组织得到活动，从而提高动作的速度和上下肢活动的能力。② 有效地发展反应、灵敏、协调和操作思维能力。

（四）盲人乒乓球活动开展存在的问题及建议

第一、盲人乒乓球运动场地和器材有限。场地和器材是保证视障学生参与运动的基本条件，由于盲人乒乓球的运动对象是盲人，对场地和器材的要求具有一定的特殊性，使其成为开展盲人乒乓球运动开展的限制条件，建议政府或者学校应加大对体育设施和器材的投入。

第二、缺乏专业的盲人乒乓球体育教师。大部分教师非盲人乒乓球专业出身，缺乏相关的教学和实践经验。学校应提供并组织教师外出交流和学习盲人乒乓球项目的机会。通过盲人乒乓球的教学和实践，发展视障学生反应、肢体协调、听力等身体机能。满足学生参与体育活动的需求，促进身体素质的全面发展。

三、盲人自行车

盲人自行车是采用双人自行车进行练习和比赛的项目，前座是一个视力健全的领骑员，后座是存在视力障碍的个体，两人必须要齐心协力才能完成。这项运动可有效提高视障学生的身体素质，增强他们下肢力量，提高他们身体的平衡能力和协调能力，同时能培养视障学生的胆识，磨炼他们意志。

由于进行该项运动时易造成肌肉的拉伤、关节的扭伤等，因此在进行自行车运动前应做好充分的热身，拉伸全身的肌肉并活动所有关节。此外，在进行盲人自行车运动时，经常会发生因碰撞造成的伤害，或摔倒造成的擦伤、关节挫伤、扭伤，甚至骨折等伤害，故应选择安全、专业的自行车场地进行练习，切勿在没有安全防护的马路、崎岖不平的场地进行练习；同时在进行自行车练习或者比赛时，还应佩戴专业的防护用具，做好防护措施。

四、盲人足球

盲人足球是专门为视力残疾的人设置的运动项目，在 2004 年雅典残奥会上列为正式比赛项目，与普通足球运动相比具有明显特点。《盲校义务教育体育与健康课程标准》，从视力残疾学生的身心发展特点出发，对各个学习方面（尤其是运动技能和身体健康方面）的内容作了适当调整，并将盲人足球列入适合视障学生发展的项目之一。

（一）盲人足球运动队员及场地的要求

盲人足球运动在两队之间开展，每队各派 5 名队员上场，除守门员外 4 名选手的视力伤残程度应是 B1 级，即完全丧失视力并无光感；守门员的视力可以是 B2 级或 B3 级，也可以是健全运动员。比赛时，每支队伍由 5 名场上队员和 5 名替补球员组成，其中包括守门员和替补守门员各 1 名。比赛分上下半时，各 20 分钟，中场休息 10 分钟。在半决赛或决赛中，如果 40 分钟未分胜负，则进行 10 分钟加时赛，仍未决出胜负，则以点球决胜。

盲人足球使用无遮盖的平坦硬质场地，长 32～42 m，宽 18～22 m（国际比赛场地长度 40 m，宽度 20 m），一般为水泥、天然草皮或人工草皮场地，避免使用混凝土或柏油。场地应比较开阔，适宜声音的传播。与健全人 5 人制足球场地不同的是，在盲人足球场的边界需要设置约 1 m 高的围栏，以便于提高比赛节奏和引导场上队员确定方位。球门高 2 m、宽 3 m，守门员区域长 5 m、宽 2 m，在距两球门立柱间中点 6 m 和 9 m 处各有一个罚球点。比赛场地要标明引导员区域：在距球门线大约 12 m 处，从场地的一端至另一端应设有标记线，与球门线平行，以便场地划分三个引导区域，即 1 防守区（本方守门员可以帮助指挥）、2 中场区（本方教练员可在场外指挥）、3 进攻区（本方引导员可到对方球门区后指挥）。

比赛使用的球也称铃铛足球，直径约 20 cm，重约 410 g（重量在普通足球 2 倍以上），内部装有特殊的发声装置，以保证比赛时运动员通过球发出的声音辨别足球的方位，准确判断来球。场上除守门员外必须佩戴中间衬有吸水布料的眼罩和头罩。

（二）盲人足球运动的特点

盲人足球运动的特点取决于盲人特殊群体的特殊性，在训练和比赛场上，盲人足球运动员的技术动作主要依靠听觉及触觉、本体觉及位觉等来完成，尤其是对听觉的依赖程度比较高。盲人足球运动时，场上运动员对足球所在位置的判断，主要是利用听觉来完成的，即听辨足球运动时球内发出的声音以及引导员的语言提示，据此判断足球所在位置。尤其在进攻时，引导员的语言提示很重要，运动员主要根据引导员语言提示来判断具体的进攻方向。防守队员作为抢球人，在争抢球或搜索球时必须清楚地喊出"喂"或类似语言。盲人足球运动需要保持安静环境，在比赛场上，不允许运动员用语言或发出噪音故意干扰对方运动员的判断，否则裁判员会按规则判罚犯规。

（三）盲人足球训练方法

根据盲人足球的特点，在进行训练时侧重于声音引导与听声辨位训练，同时将技能训练与声音引导、听声辨位有机地结合起来。具体训练技术包括静态或动态听声辨位引导训练、体位感知训练、障碍感知训练、传球训练、接控球训练等符合盲人足球训练特点及规律的训练技术，其中需侧重训练盲人足球运动员的听声辨位及本体感觉机能，从而有效提高运动员的技术战术水平。

1. 静态听声辨位引导训练

静态听声辨位引导训练是在静止状态下对运动员的听力反应进行训练。训练一般选择在场地中央进行，采取逐个运动员单独训练的方式。静态听声辨位引导训练的常用方法：教练员站在与运动员正面距离 15 m 处，运动员站立不动，教练员将球踢向运动员身体的两侧（用"地滚球"方式），运动员根据有声足球发出的声音听声辨位，同时对来球方向迅速做出判断，并根据判断将相同方向的手臂举起，以示判断，教练员对运动员的判断正确与否给予判定。进行此项训练时，教练员应注意保持踢球方向的随机性。

静态听声辨位引导训练相对比较简单，但对于盲人足球运动员听觉功能的提高非常有效，经过一定时间训练，可以提高运动员的听觉及反应速度。训练时应注意保持周围环境的相对安静。

2. 动态听声辨位引导训练

动态听声辨位引导训练是在动态状态下对运动员的听力反应进行训练。训练时在场地选定运动员的站位点，在距离运动员对面 10 m 的地方安排站立第 1 名工作人员，其后每隔 5 m 安排 1 名工作人员，共 5 名工作人员，与运动员连成一条直线。在动态听声辨位引导训练中，工作人员使用的工具主要是哨子。工作人员根据自己的站位，由近至远依次发出哨声报出其距离运动员的米数。运动员通过哨声判断自己离定位点的距离，听到哨声马上向前跑动，到达指定定位点时停止跑动并举手示意。在此初步训练基础上，工作人员可以移动或变换位置（不报距离），要求运动员作出距离判断，这样反复训练。

动态听声辨位引导训练对提高盲人足球运动员听觉敏锐性及其功能、根据听力快速、准确地确定自身位置及方向、提高快速反应和行动能力等非常有效。但盲人足球运动是一项对抗激烈的运动项目，在比赛过程中容易造成运动员之间碰撞以及运动员和球门等器械的碰撞，从而对身体造成伤害，因此运动时运动员应佩戴专业的防护用具，如护腿板、头罩等，以起到保护作用；同时在防守抢球时应大声呼喊提醒，并听从教练员的指引，以免发生碰撞。

参考文献

［1］王安利. 运动医学［M］. 北京：人民体育出版社，2007：133-140.

［2］杜本友，张蕾. 视障学生社会适应能力训练的策略与实施［M］. 北京：中国轻工业出版社，2015：501-516.

［3］沈剑辉. 盲人定向行走训练指导培训教材［M］. 北京：华夏出版社，2008.

［4］聂柏其. 五人制盲人足球运动训练技术研究［J］. 长春大学学报，2018，28（9）：118-124.

［5］徐青华，黄莹. 视障人群适宜健身项目研究初探［C］. 第三届全国残疾人体育科学报告会议论文集. 北京：华夏出版社，2011：194-199.

［6］赵海．视障学生体育健身锻炼的策略与方法［J］．现代特殊教育，

　　　2016．

［7］靳秀兰，赵海，罗冬梅．视障青少年体育锻炼行为研究［J］．河南

　　　师范大学学报（自然科学版），2016，44（4）：166-171.

第八章　优质课分享与活动集锦

第一节　优质教材内容分享

一、课程 1　盲人足球——黑暗中追逐梦想

盲人足球是一项综合性的体育运动项目，通过无球和有球的轮换形式，有效地发展人体的速度、灵敏、柔韧、耐力、力量等体能，能促进视障学生骨骼、肌肉的发展，增强视障学生的体质、提升他们各项技能均衡发展。足球运动是一项集体性对抗项目，视障学生通过练习、游戏和比赛中的抗强、攻守转换和激烈竞争中，可以提高辨别声音方位的能力、反应能力和及时身体控制能力。盲人足球运动还能帮助视障学生培养感知力、记忆力、想象力和创造力，积极克服他们对运动的恐惧心理，对培养视障学生的勇敢、顽强、拼搏精神以及团队合作意识具有重要意义。

（一）教学目标

（1）通过个人基本技术的学习和同伴配合，初步掌握盲人足球基本技术动作和初级战术配合，感受足球运动中对体能的要求。

（2）使视障学生初步掌握五人制盲人足球比赛的防守技战术，了解防守区域和防守阵型，初步了解并参与五人制盲人足球比赛。

（3）通过教学和比赛的实践经验，提高视障学生听声辨位、熟练运用基本动作的能力以及平衡、协调和反应能力，增强团队合作意识，促进人际交往，增进友谊，让视障学生在盲人足球比赛中获得自信、享受足球带来的快乐。

（4）使视障学生了解盲人足球文化和比赛规则，关注足球热点，并有自己独特的观点和想法。

（二）教材分析

盲人足球教学的主要内容包括盲人足球比赛中的区域防守、相关防守技战术以及五人制盲人足球比赛基本规则。在盲人足球比赛中，防守战术的运用起着至关重要的作用，一般以区域防守为主，包括相关技战术中的抢球及断球技术、封堵技术等。通过练习和比赛，有效地发展视障学生速度、灵敏、柔韧、耐力、力量等体能。在盲人足球比赛中培养视障学生防守的基本能力，提高他们的骨骼与肌肉的发展。在盲人足球运动中教会视障学生听声辨位、脚下控球、躲避障碍物和控制比赛技战术的能力，使他们能够掌握参与五人制盲人足球运动及比赛的基本技能。教学主要采用游戏和比赛等方式进行，激发视障学生对盲人足球的兴趣，培养他们勇敢的意志力、顽强拼搏和团结合作的优秀品质。

（三）教学内容与教学建议

项目	教学内容
盲人足球	1. ※ 区域防守 2. ※ 抢球及断球 3. ☆封堵 4. ◎盲人足球比赛简介

注：◎了解　☆基本掌握　※掌握　◇供选择。

1. 区域防守

【战术要领】

区域防守是足球运动防守战术之一，是由每一名队员负责一块特定区域的防守技巧。进攻方向从左至右，B 区即为防守区城（图 8-1）。全队防守，层层设防、协同联守与单人防守相结合，形成完整的防守体系。每个队员都在自己相对稳定的区域内准确站位，对进入自己防守区域的对方队员实施一对一单人防守。

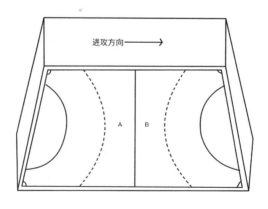

图 8-1　区域防守

　　常用的区域防守站位共有两种。第一种"1对3"防守站位：一名队员在前方干扰抢截球，后面三名队员在引导员的引导下对前方抢截球队员进行保护（图8-2）；第二种"2对2"防守站位：由两名队员在前方干扰夹击配合抢截球，后面两名队员在引导员的引导下对前方抢截球队员进行保护（图8-3）。

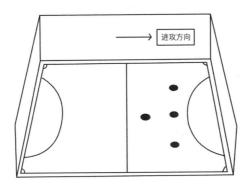

图 8-2　　"1对3"防守站位

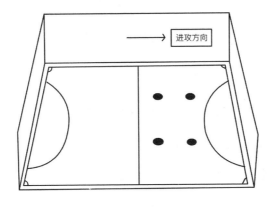

图 8-3　　"2对2"防守站位

【教学重点与难点】

重点：选取好防守站位和区域，注重防守的联动性和保护性。

难点：培养和提升防守队员的预判能力和意识，做到判断准确、精准站位。

【教与学的方法】

（1）听声选位练习，及时做出准确判断快速移动，体会防守位置。

（2）两人一组，在无球情况下，一人跑动进攻，一人听声选位，盯线路练习。

（3）两人一组，一人横运球，一人移动中听声选位与盯人练习。

（4）两人一组，一人运球突破，一人听声选位，紧逼防守，练习对抗下的选位与盯人练习。

【易犯错误与纠正方法】

易犯错误	纠正方法
在区域防守中，如果队员的配合不默契，则防守无效	教师在用声音引导的同时，注意指导学生提高听声辨位能力，提升队员的协调配合能力
在听声选位中，队员的空间感不好，容易防守移动不到位	教师在用声音引导的同时，应提高听声辨位能力，提升队员的移动空间感

【教学建议】

（1）在教学中，注重对区域防守战术要领的指导，着重对防守站位和队员之间配合的指导和训练，要提示学生注意由慢到快进行练习。

（2）在教学中可以让低视力学生充当临时引导员。

（3）练习结束后，教师应对场上出现的问题进行及时总结，分析场上的优点和不足，对问题给予详细分析，提出应对措施和手段。

（4）对成功完成防守的学生，教师要及时给予鼓励和表扬，充分、细致的课后总结能促进技术的提高。

（5）通过区域防守训练，明确要求战术要领，听声引导学生找到防守位置，运用正确防守动作同时，兼顾球和周边情况的变化。

（6）在防守训练中，应尽量避免防守动作过大伤害对方，注意不能用过大的力量，场上出现任何临时问题，都不要互相埋怨队友，自身学会调节的情绪。

2. 抢球及断球

在足球比赛中，抢球及断球是主要的防守技术。掌握抢、断球技术动作的要领，清楚抢、断球动作之间的区别，了解防守战术在足球比赛中的积极作用，结合对抗练习，提高学生的抢、断球的能力。

【技术要领】

准确判断方向；快速压迫球；放低自身重心；抢，断衔接顺畅；语言交流等。

【教学重点与难点】

重点：强化抢球、断球防守技术运用的相关训练。

难点：提高学生对球声的敏感度及反应速度，判断来球与选位。

【教与学的方法】

（1）蹬、跨、断、抢等动作的模仿练习。

（2）两人一组，一人脚踩住球，另一个人体验正面抢球动作。

（3）两人相距 3～4 米，将球置于两人中间，听信号后两人移动中听声选位，正面抢球。

（4）一人慢运球，一人移动中听声选位正面抢球练习。

（5）四人（多人）一组，三人（若干人）进行听声选位传、接球，一（两）人移动中听声选位抢、断球。

【易犯错误与纠正方法】

易犯错误	纠正方法
盲人足球对运动员的视力限制、预判能力要求较高，在赛场上只能通过听声辨位，预判能力很低，有意识地抢球和断球较少	教学中可通过教师的声音引导，强化听声辨位及预判的能力
抢球动作慢、乏力、效果差	动作尽可能突然、隐蔽，做到快、准、狠，注意抢断后身体重心的转移
抢、断时机把握不准	进行反复抢、断球练习，提高判断的准确性

【教学建议】

（1）在五人制盲人足球比赛中，在后场中队员围抢战术的运用最频繁，前场运用较少。在比赛中，防守队员应听从引导员的指挥或球的声音后，通过触觉、听觉和在头脑中建立的空间感以及对手和同队队员的位置，来判断球的方向，上前逼抢夺得控球权。

（2）教学中，可以将抢球作为主要防守技术和手段，强化视障学生通过触觉、听觉进行判断以及抢球、断球技能的训练。

（3）在抢断球练习中，应先进行无球的模仿练习，了解抢断球的时机和位置，在进行运球和传球练习。

（4）抢球、断球技术是反映视障运动员对球声的敏感度和对引导员指挥的反应速度，代表学生个人防守技术水平的体现。

（5）在五人制盲人足球比赛中，队员抢球及断球技术的运用较高于常人足球比赛。因为场地较小，参赛队通过场上的反复争抢，致使参赛队员连续控球时间较短，在教学和训练中应该把握这一特征。

3. 封堵

在比赛中，当任意一方进攻结束或失去控球权时，球队的重心迅速转移至后场，队员重点在封堵射门。

在盲人足球比赛场上，学生对球场整体情况不能做出综合判断和分析，致使运动员在场上传球技术运用较少。学生主要依靠感觉机能，包含听觉、触觉、位觉、体觉等，对本队和对方球员的位置及来球方向做出及时辨别和判断，并选择运用不同技术动作。

【技术要领】

在盲人足球比赛中，引导员利用声音引导本方队员封堵对方队员的多种进攻路线，如传球路线、运球路线及射门角度等。

【教学重点】

重点：球员对球的取位判断。

难点：封堵方位和封堵时机。

【教与学的方法】

（1）在封堵的教学中，可通过一些游戏性强的练习方法进行辅助教学，提高学生对空间感和听声反应能力，同时也进一步丰富教学形式的内容，提高学生学习的积极性。

（2）要注重单个动作方法的学习，教师与学生互动、教学和比赛配合形成互补。在保证安全的前提下，由学生自己灵活地、创造性地进行各种练习。

（3）练习组合动作时，应重视单个动作之间的衔接，教师要指导学生由慢到快、由易到难地练习。

（4）在教学中，要善于运用多媒体等先进的教学手段，使课堂教学更生动、形象，帮助学生直观感受并建立正确的空间意识和空间感。

【易犯错误与纠正方法】

易犯错误	纠正方法
判断不准球的方向和封堵时机纠正方法	引导员要及时进行声音引导
场上容易造成听声取位判断位置失误	引导员要及时在场上沟通，用声音的方式进行引导

【教学建议】

（1）在封堵防守战术的训练中，可以针对盲人足球比赛技战术运用的特点，创新训练方法，提高训练实效性，强化学生听觉、感觉机能的训练，使学生掌握正确的封堵技战术动作及运用要领，提高防守技战术的运用水平。

（2）在技术练习成熟后可进行一对一、二对二、三对三、四对四的对抗练习。

（3）进行对抗练习时必须佩戴护具，护具包括可以保护头部的眼罩、护腿板等。

（4）当学生水平达到一定程度时学校可以组织学生观看或收听正式的相关比赛。

4.盲人足球比赛简介

五人制盲人足球于 20 世纪 70 年代起源于德国。1986 年，西班牙是第一个举办国内五人制盲人足球比赛的国家。1998 年，盲人世界杯开始举办，每两年一届。在我国，盲人足球运动发展历经数十年，受到广大盲人群体欢迎和热爱。2004 年第十二届雅典残运会，首次将盲人足球项目列为残奥会正式比赛项目。在 2008 年北京残奥会上，中国盲人足球队获得银牌。

与普通的足球比赛相比，盲人足球竞赛规则是在五人制室内足球竞赛规则基础上制定并根据参赛队员身体条件进行适当调整的。盲人足球除了在竞赛规则上有所不同，还在比赛场地及器材、参赛运动员等方面都具有自己独特的特点。

【比赛场地】

比赛场地要求地质平坦，天然草皮场地、人工草皮场地、水泥场地均可，但不可使用混凝土或柏油场地。场地功能区域划分如图 8-4 所示。

比赛场地要标明引导员区域。在距球门线大约 12 米处，从场地的一端至另一端应设有标记线，与球门线平行，以便场地划分为三个引导区域，即防守区（本方守门员可以帮助指挥）、中场区（本方教练员可在场外指挥）、进攻区（本方引导员可到对方球门区后指挥）。

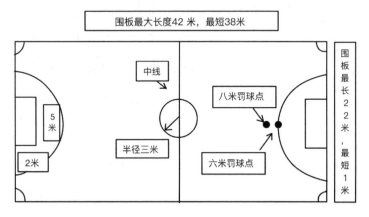

图 8-4　盲人足球比赛场地 [1]

---

[1]　资料来源：体育与健康。

【参赛运动员要求】

（1）国际盲人足球比赛一般采取五人制比赛形式。按照国际盲人体育联合会五人制足球竞赛规则，上场运动员每队最多5名，包括4名B1级（完全失明）运动员、1名视力健全或B2、B3级（视力部分缺失）守门员。

（2）每支参赛队伍应按职能注册最多15名人员：8名场上运动员、2名守门员，共10名运动员；另有1名引导员、1名教练员、1名助理教练员、1名队医、1名理疗师。

（3）比赛时引导员只能在对方球门后以语言形式协助本队全场进攻，同时教练员与守门员分别作为中场与后场的语言引导员。

（4）在比赛中，每队换人上半场最多6次，下半场最多6次。

【竞赛规则】

国际盲人体育联合会制定了五人制足球竞赛规则，对判罚球，如进球、任意球、点球等以及对运动员犯规等均有特殊规定。

（1）进球的判定：按照国际盲人体育联合会五人制足球竞赛规则，当球的整体从球门柱间及横梁下越过球门线，而此球并非由进攻方运动员（包括守门员）以手掷入、带入或故意以手或手臂挡入，且不违反任何竞赛规则，则进球得分。

（2）任意球及点球的判定：在五人制盲人足球比赛中，如果出现运动员用语言或噪声故意迷惑或欺骗对方、在防守区域不持续喊"WOYI"等情况，或运动员有绊摔、手抓或扑向、企图袭击或袭击对方运动员等行为，裁判员将判对方直接任意球；如运动员有严重犯规，裁判员将判对方获得任意球或点球。

（3）运动员犯规的判定：在盲人足球比赛场上，裁判员依据《国际盲人体育联合会五人制足球竞赛规则》对比赛中运动员的犯规行为进行判定。具体情形如下。

第一，判定犯规运动员停止比赛并罚出场。在盲人足球比赛场上，运动员在比赛中故意破坏安静环境、用语言或噪声故意欺骗或迷惑对方；在未得到主裁判同意时故意触碰眼罩、眼贴以得到某些光感；做出危险性动作阻挡对方守门员发球；用双手握住围栏踢球，企图踢球时在侧面挡板处做出俗称"三明治"动作时（即第二名队友阻挡对方队员），以及其他犯有《国际盲人体育联合会五人制足球竞赛规则》所示的犯规行为，主裁判判该运动员停止比赛并罚出场。

第二，对犯规运动员出示黄牌予以警告。在盲人足球比赛中，如运动员有以下犯规行为的任何一种，主裁判将出示黄牌予以警告：非体育道德行为；持续违反规则；延误比赛重新开始；当以角球、界外球、任意球或球门球恢复比赛时，不退至规定的距离；未经主裁判许可，擅自入场或重新入场；违反有关替补程序，未经主裁判许可擅自离场；故意触及自己必须配备的设备以获得一些便利等。

第三，对犯规运动员出示红牌罚令出场。在盲人足球同一场比赛中，如果某一名运动员个人犯规累计达到五次，主裁判将判其离场，且在本场比赛中不能再次上场，由其他队员替换上场。场上运动员如使用无礼侮辱性或辱骂性语言及动作，同场比赛中得到第二次警告，以及存在犯规中的任何一种，主裁判将出示红牌罚令其出场。

（4）裁判员：在盲人足球比赛执法工作中，裁判员需清晰及时地用

语言报告运动员判罚的结果，每次犯规必须向计时台用语言和手势报告，再由场上播音员向全场播报。

（5）比赛时长：五人制盲人足球比赛全场共50分钟，分上下半场，各25分钟，中场休息不超过10分钟。

（四）教学评价要点与建议

教学内容	评价要点			评价建议
	知识	技能	态度	
区域防守	培养学生在比赛中防守的基本能力和动作要领	基本能控制盲人足球		1. 教师应以发展的眼光对学生的学习态度、动作质量、行为表现等进行分段评价； 2. 应关注教学过程中学生的心理变化及表现，可运用学生互评、师生共评，以及学生在教师的指导下进行的自我小组评价等多种方式
抢球及断球	1. 认知到抢球及断球是主要防守技术； 2. 掌握抢球及断球技术特点的基本理论知识	1. 提高学生听声辨位、脚下控球、躲避障碍物和发挥比赛技战术的能力； 2. 掌握抢球及断球的基本要领：快速压迫球、准确判断方向、放低重心、有耐心、侧身站、语言交流	1. 态度积极，出勤好； 2. 学习认真，努力完成教学的基本动作与要求； 3. 主动、积极愉快地参与练习； 4. 能够对自身学习和练习的表现进行反思与评价	
封堵	了解封堵技术的特点和战术要求	掌握封堵技术要领，能够在比赛中良好运用与实施		
比赛简介	了解盲人足球的起源、掌握比赛场地、规则等相关知识	通过实践练习，使学生能够根据五人制盲人足球竞赛规则有序、有规则地进行比赛		

二、课程2 盲人乒乓球——用声音感知速度

盲人乒乓球是一项深受视觉障碍者欢迎的运动项目之一。这项运动不需要太大的场所，只需能容纳一个标准的乒乓球球台的空间，两个人就可以愉快地进行，即便是初次接触也仍然可以在很短的时间内掌握要领，享

受比赛的乐趣。与普通乒乓球不同，盲人乒乓球是用球拍击打一种可发出声音的专用乒乓球在台面上滚动，进行比赛。在对方击打过来的球进入接发球区且未碰到自己的边框之前，要将球击回，若对方的球碰到自己的边框或是飞出台面时，则一回合的比赛结束。

盲人乒乓球教学主要是使视障学生通过个人技战术的学习，提高个人的战术能力和比赛兴趣，体验盲人乒乓球运动带来的快乐，感受丰富多彩的乒乓球技战术魅力，加深他们对盲人乒乓球运动的理解和喜爱。（图8-5）。

图8-5　盲人乒乓球

（一）教学目标

（1）使视障学生掌握盲人乒乓球运动的基本方法，了解比赛的基本规则，为学生提供技术支持和保障。

（2）通过基本技术的掌握，不断提高视障学生击球的准确率，逐步形成个人球风特征，提高球技的实效性。

（3）在教学和比赛过程中，促进视障学生身心健康的全面发展，实现对视障学生功能补偿、潜能开发、勇于拼搏的目标。

（4）在教学的过程中，培养视障学生的意志品质，落实"立德树人"的目的，获得积极的情感体验。

（二）教材分析

盲人乒乓球具有较高的健身价值。长期参加盲人乒乓球运动，不仅能使人体各运动器官都可以得到发展，而且能有效地提高视障学生的灵敏、速度、力量等体能，达到健身、健心和启智的目的。盲人乒乓球的教学内容较多，难度也较大，特别是在球路变化、发力感觉及教学比赛等方面，学生对技术动作理解困难，而在运动过程中也难得以领会其动作要领的精髓，无法有效的实施，较难找到运动的感觉和准确运动的方式。

（三）教学内容与教学建议

主要教学内容包括盲人乒乓球的左、右推挡，加力推和变线球。内容相对较多，学生也较难理解和掌握，因此需要教师耐心地教学和花费更多教学时间细心讲解动作要领和动作发力细节。其中，左、右推挡和加力推是本项教学的重点，两种技术在比赛中运用的非常多。

项目	教学内容
盲人乒乓球	1.※ 左、右推挡； 2.※ 加力快推； 3.◎变线球； 4.◎教学比赛； 5.◎盲人乒乓球比赛基本组织方法

注：◎了解　☆基本掌握　※掌握　◇供选择。

1. 左、右推挡

【动作方法】

在推挡左方和右方来球时，两脚开立，与肩同宽，后脚跟稍抬起，身体重心前倾提高。击球主要靠上臂、前臂及手腕向前发力。横握球拍，大拇指和食指都不要伸开，主要靠食指和虎口控制住拍型角度。大拇指要在拍后用力顶住球拍，配合发力。

【教学重点和难点】

重点：一点对两点线路。

难点：控制推挡路线以及加力快推的时机。

【教与学的方法】

（1）连续进行左、右推挡球练习，提高击球的准确性。

（2）结合步伐练习，进行左、右推挡练习。

（3）不规则地推挡左右两点，进行左、右推挡练习，提高实战能力。

（4）两人在台上先推中线，再推直线和斜线，逐渐加快速度，体会快速推挡动作。

（5）左手由一点推二点或一点推不同落点，并安排学生进行左、右推挡球结合的练习。

（6）教师示范左、右推挡动作，让学生区别加力快推和挡球，形成正确的推挡动作方法。

【易犯错误与纠正方法】

易犯错误	纠正方法
左、右推挡动作的不连贯	加强脚步移动和辨声预判，控制击球力量
前推动作过大	减小上臂发力，加快回收的速度
挡球时判断不准，拍面角度过于后仰	击球前固定拍面角度
由于来球的速度过快、力量过大，听不准来球的方向，不知道挡球的位置	先从发慢球或轻球练习开始，提高判断准确度后，再进行速度快、力量大的来球挡球练习

【教学建议】

（1）先进行定区域的挡球练习，再进行不定区域的挡球练习。

（2）先听声推挡正面的球，然后再推挡左、右方向的球。

（3）先听声推挡长台的球，后推挡短台的球，最后推挡同长同短或同长异短的球。

（4）先听声推挡直线球，后推挡斜线球。

（5）先听声推挡定点球，后推挡不定点的球。

2. 加力快推

【动作方法】

加力快推是在推挡的基础上，增强回击球的力量。球拍后撤到底部挡条，通过脚部的蹬伸和挥臂击球，加大击球的力量。

【教学重点和难点】

重点：手臂与脚步的协调用力。

难点：加大快推的时机。

【教与学的方法】

（1）熟悉球性，做托球、听声击球等练习。

（2）先了解动作的结构，按照动作方法做徒手模仿练习。

（3）从原地做上肢徒手模仿练习的基础上，结合基本步伐与脚步练习做台下徒手练习。

（4）一人发球一人练习加力快推，打出一球后再重新发球，依次重复练习。

【易犯错误与纠正方法】

易犯错误	纠正方法
过早或过迟击球	先击固定距离的球，然后击活动的来回球，通过听回球的声音大小和回球距离的远近，来判断加力推球的时间
击球失误多	控制左、右手推挡的拍面和力量，加强脚步的移动能力
快推时拍面过于前倾，击球时间过早	调节拍面角度，要求在球靠近底部时击球

【教学建议】

（1）多进行手臂力量练习，如前推杠铃片。

（2）加强手臂与脚部的协调用力练习，如用杠铃蹲起和前推结合练习。

（3）进行击球时机感觉的练习，提高回击球的力量。每人加力推击球过球网 30 个为一组，一次进行多组练习。

（4）先进行单一的加力推练习，然后进行不加力推挡与加力推结合练习。

（5）多进行直线球的加力推练习。

3. 变线球

【动作方法】

在对方发出斜线球后，通过击打球的正后方部位，使球变成直线球；或者对方发出直线球，通过击打球的偏正后方部位，使球由直线球变成斜线球。

【教学重点和难点】

重点：击打球的位置。

难点：直线球变斜线球，斜线球变直线球。

【教与学的方法】

（1）教师示范直线和斜线的动作，让学生区分与体会不同变线的击球位置。

（2）一点打两点，进行直线和斜线的击球练习，提高击球的命中率和稳定性。

（3）两人一组在台上进行单一的直线或斜线的击球练习。

（4）先斜线后直线，先不定点再定点的击球练习。

（5）不规则落点球，进行直线或斜线的定点击球练习，提高实操能力和临场应变能力。

【易犯错误与纠正方法】

易犯错误	纠正方法
在直线球变斜线球的过程中，容易变线过大，导致回击球出台	直线球变斜线球时力量不能过大，斜线球的落点不靠近侧挡条
判断落点不准，引拍不到位	练习时，注意引拍的动作和移动步伐的协调发力
在移动中，步伐移动不到位	增加多种移动步伐练习和听音辨声能力

【教学建议】

（1）先练习接直线球回直线球，再练习接斜线球变直线球。

（2）直线球变斜线球是较难掌握的内容，可以先从练习变小斜线球，能控制好击球力量后，再进行大斜线球的练习。

（3）先进行单一的直线球变斜线球或单一的斜线球变直线球练习，

再进行直线球与斜线球随意变线练习。

（4）斜线球变直线球是变线球教学的重点，应多进行相关线路练习。

4. 教学比赛

【比赛方法】

按照盲人乒乓球比赛的规则进行教学比赛，采用抽签的方式，确认发球方或选择场地。每人发五个球后，交换发球权。比赛采取正式规则每局11分制，三局两胜。

【打法要领与得分】

（1）预备动作

向台面弯下腰，不要远离台面，将球拍稍微向前倾斜，随时靠近底边框，左右移动时也不要离开台面。

（2）发球要领

① 从自己台面的右侧面向对方发向对面球台的左侧。

② 发球前，必须告诉对方"发球了"，在对方回答"好"后，方可以发球。

③ 发球时，如果球碰到网，则算作发球方的失误。

④ 发球前，禁止球拍触球，双击发球将被判罚失误。

（3）接球要领

① 接发球时认真确认中线，看是否发到自己台面的右侧，中线左侧的球可以不接。

② 为确保接球的力度和击球方向准确，应尽可能按照球发出的声音所指示的方向，在底边框和两侧边框之间，迅速地左右移动，在球的正面，

接近了以后再击球。

③注意控制击球力度，接力量大的球时，尽量垂直地击球，以避免斜球，造成球飞出台面而失分。

④比赛进行中，对方击过来的正在滚动的球未到达接发球线时，仍然可以接球。

（4）得分

自己得分：

①击出的球碰到对方底边后还落在台面上；

②击出的球对方没有接，球两次碰到对方底边框或侧边框之后才飞出台面；

③击出的球在对方接球前停在对方接发球区内；

④对方没有将球击回或者接球后球飞出台面。

对方得分：

①发球失误（A.发球时两次击球；B.发球前球拍触球；C.发球时球触网）；

②击出的球直接飞出台面；

③击出的球对方没有接球，球碰到对方底边框或侧边框后直接飞出台面；

④击出的球触网后球停止或飞出台面；

⑤击出的球没过对方接发球线；

注：手腕以上部位触球将被判罚犯规；非挥拍动作的界定为手臂持拍与身体保持相对静。

【教学建议】

①教师讲解比赛规则，让学生根据比赛规则进行教学比赛。

②教师重点讲解比赛中个人的技战术要求和实施。

③教师讲清比赛中得分与不得分的细则。

④通过教学比赛，培养学生对乒乓球的兴趣，提高学生的比赛竞争力，实现功能补偿和潜能开发的目的。

⑤在比赛中，培养学生勇敢拼搏、尊重对手、尊重裁判等良好的体育品质，还培养他们遵守比赛规则、保持赛场的安静以及爱护比赛环境、感恩组织者的优良品质。

⑥在教学比赛结束后，及时进行反思与总结，分析比赛中出现的常见情况和问题，为下次比赛发挥最好水平奠定基础。

5. 盲人乒乓球比赛基本组合方法

（1）选拔赛的选手组合方法

选拔赛要按照排名排列选手，第1、2、3、4号种子选手应分别安排在上半区的顶部、下半区的底部、上半区的底部和下半区的顶部。

（2）分组循环赛的组织

在分组循环赛中，小组里每一位成员应与组内所有其他成员进行比赛，名次应根据所获得的分数决定：胜一场记2分，输一场记1分，未出场比赛或未完成比赛的输的一方记0分。

如果小组的两个及以上选手得分相同，应对得分相同的选手做进一步的得分比较以决定名次：首先计算各自获得的场次分数，再根据需要计算个人比赛的胜负（团体赛时）以及得失局、得失分的比率，直至算出名次为止。

（四）评价要点与建议

教学内容	评价要点			评价建议
	知识	技能	态度	
左、右推挡	1.理解盲人乒乓球左、右推挡的概念； 2.能熟练掌握盲人乒乓球左、右推挡方法	掌握左右推挡盲人乒乓球动作技术	1.出勤好； 2.学习认真，努力完成练习活动； 3.能够主动、愉快参与练习； 4.能够对自己练习表现进行评价	1.教师应以发展的眼光对学生的态度、动作质量、行为表现进行评价； 2.评价应结合教学过程中学生的表现，采用让学生相互交流中进行互评，或教师与学生共同观察、共同评价，或学生在教师的指导下进行自我或小组评价等多种方式
加力推	1.掌握加力推的动作概念； 2.知道加力推的用力方法	1.掌握加力推的时机； 2.掌握加力推的动作技术		
变线球	1.基本知道变线球的动作概念； 2.知道变线球的动作方法	1.初步掌握盲人乒乓球变线球打法； 2.能够达到违续推挡多个变线球技术		
教学比赛	1.了解比赛的基本知识； 2.知道正规比赛的方法	1.重点掌握比赛中的得分技术； 2.了解比赛战术运用		
比赛基本组织方法	了解并掌握比赛基本组织方法	理解比赛的组织和进程		

三、课程3　跳绳——跳出你的乐趣

　　跳绳是我国民间传统体育项目，特别在学生间广为流传，且这项运动是我国学校体育的基本教学内容之一，也是视障学生的重点教材。跳绳运动是一项易操作、易学、不受任何场地限制的大众体育项目，其内容丰富、形式多样，具有较高的强心健身价值，花式跳绳也深受广大视障学生欢迎。跳绳是手、脚、绳协调配合的运动，有利于提高视障学生协调性与灵活性，锻炼视障学生身体的快递反应、时间和空间的感觉，发展观察、判断能力以及动作的准确定性、协调性，促进脑功能的发展，培养视障学生的注意力，提升视障学生的自信心。

（一）教学目标

（1）让每个学生都愉快地跳跃，培养视障学生对跳绳的学习兴趣。

（2）通过跳绳动作，增强学生下肢力量和肩臂力量的连贯性，体会摇绳与身体动作的配合，发展学生上下肢的协调性。

（3）学会简单的花样跳绳动作和技能，增强学生的节奏感和方位感，提高学生的创新意识。

（4）培养视障学生吃苦耐劳、坚韧不拔、积极向上、勇于创新的品质。

（二）教材分析

花样跳绳动作多变花哨，可以借助音乐融和跳绳、体操、舞蹈、武术等元素于一体，具有较强的观赏性、娱乐性和竞技性。通过练习可以发展学生的力量、柔韧、灵敏、协调、耐力等素质，增强肌肉、韧带的延展性和弹性，加大各关节活动的幅度和灵活性。同时，还可以提高视障学生的方位感，达到功能补偿的目的。在教学中教师要因材施教、循循善诱、以示范动作为主，启发学生快速掌握核心技术，在视障学生感知、探究、创造和团结协作等方面都有进取作用。

（三）教学内容与教学建议

1.向前摇绳间隔交叉跳

【动作方法】

两手握绳柄后端，由后向前摇绳；将绳摇过头顶向下摇动时，两小臂在腹前交叉，确保绳头水平或微微上翘，双脚或单脚过绳；绳通过脚后立即打开做一个基本直摇动作，直摇和交叉交替进行（如图8-6所示）。

图8-6　盲人跳绳

【动作要点】

向前摇绳交叉时，不要抬高手臂或前伸手臂，两手贴紧并与腹部贴紧，手腕放松向后摇绳，绳柄前端保持水平。

【教学重点和难点】

重点：两臂快速交叉和还原的节奏。

难点：两臂交叉后的手腕摇绳，上下肢配合协调，节奏均衡。

【教与学的方法】

（1）先从徒手动作练习开始，两臂交叉后的手腕摇绳，双脚跳起，上下肢配合协调，进行连续摇绳和跳跃，形成一个连贯性动作。

（2）通过分解教学的方法，让学生手持跳绳，先用手把绳子甩在前面，当绳子碰到地面时稍做停留，双脚快速跳过去，在两臂交叉摇绳，双脚跳过去，从慢到快，从单个到连续。

（3）采用10秒、20秒、30秒为单位时间，进行不同时间段内的跳绳练习，对于强化动作和巩固跳绳节奏有明显作用。

（4）在练习过程中，逐渐延长练习时间或增加练习个数，有助于跳绳动作要领的掌握和提高跳绳个数。

（5）跳绳的过程中，要注意均匀呼吸，呼吸要有一定的节奏，全身处于放松状态。

【易犯错误与纠正方法】

易犯错误	纠正方法
绳子的长度偏短或偏长	练习前提前将绳子调节至适当长度，手握在绳柄后端
摇绳和跳跃动作脱节	多进行徒手练习配合跳跃动作，增强肩臂力量和跳跃的连贯性，体会摇绳与身体动作的配合
发力点不对，交叉时没有用抖腕力量	反复进行双手持绳交叉摇绳练习，体会用力抖腕的动作效果。有意识地加大手臂和手腕的力量和幅度
两个绳柄位置不在同一水平面或出现绳头朝下	双手持绳进行交叉摇绳练习，注意提醒学生手柄的位置和绳头的方向

【教学建议】

（1）教师讲解并示范徒手交叉摇绳动作，让全盲学生站在教师背后触摸教师的手部动作变化，体会和感知摇绳技术。

（2）教师站在视障学生背后指导并帮助学生尝试做出正确的技术动作。

（3）让学生先做徒手模仿交叉甩绳动作练习，之后再进行双手持绳模仿交叉练习。

（4）为了增加学生参与度与学习兴趣，提高学生积极参与的主动性，可以在掌握基本的交叉跳动作后进行两脚交替交叉跳、移动交叉跳、计时计数交叉跳等。

（5）先从单一交叉跳到交替交叉跳，从完整前交叉跳练习，再到可以尝试后交叉动作练习。

2. 跳长绳

【动作方法】

跳长绳分为两种最简单、最基本的跳法，分别是两脚并脚跳和两脚轮换跳。原地跳长绳时，跳绳人站在绳子的中间面向其中一位摇绳人，绳子置于跳绳人身体的任一一侧。两名摇绳人同时将绳子从一侧摇至另一侧，跳绳人跟随摇绳节奏连续起跳直至摇绳停止。

【握绳方法】

绳子长短适中，可以单手握绳柄后端；如绳子过长可在手臂和手掌上适当绕几圈。

【摇绳方法】

两人面对面站立，同时向同一方向摇转绳子，两人需动作协调一致，使绳子落点在跳绳人的一侧。

（1）原地并脚跳长绳

【动作方法】

跳绳人先站静止绳（两摇绳人）中间，侧向绳站立。当绳子向上摇起将要着地的瞬间，跳绳人原地双脚起跳，绳子从两脚下摇过，依次连续摇跳数次（如图8-7所示）。

图 8-7 原地两脚依次跳绳

（2）原地两脚依次跳长绳

【动作方法】

跳绳人先站在静止绳中间，侧向绳子站立。当摇转的绳子即将着地时，跳绳人以来绳方向近侧一脚先跨过摇转的绳子，另一脚随即跳离地面，两脚交替进行（如图 8-8 所示）。

图 8-8 原地两脚依次跳长绳

【动作要点】

摇绳节奏一致，跳绳人注意观察和感知起跳时机。

【教学重点和难点】

重点：摇绳人与跳绳人之间起跳节奏的配合。

难点：跳绳人把握起跳的时机和节奏。

【教与学的方法】

① 前期练习可安排通过 3 人一组，增加练习密度，可经常换摇绳人，使大家都有机会体验摇绳和跳绳的不同方式，以感受摇绳和跳绳的不同节奏，培养学生与他人配合的意识。

② 教师可以作为搭档角色，带领另一位摇绳学生感受摇绳的节奏和幅度，也可以主动充当跳绳人，移动摇绳位置让摇绳人适应摇绳位置和节奏。

③ 两人摇绳容易节奏不一致，可以先安排两人一组用短绳进行摇绳练习，感受相互间的配合，再过渡到长绳。摇长绳要避开上空的树枝、电线或其他障碍物。

④ 摇绳人采用统一口令来提醒另一位跳绳人，口令可以如"预备——跳"，口令之间要有时间间隔，给跳绳人充分的时间做好下一个动作准备。

⑤ 对熟练者可以增加脚步和手部动作变化的练习，如脚的开合跳、提膝跳、头顶击掌等，有利于提高跳绳人协调性和节奏感。

⑥ 组织定时练习和分组比赛，有利于培养学生团队意识、团队协作能力，提高他们心理素质。

⑦ 教师学会观察学习过程，对学生出现的任何问题进行纠正与指导。

【易犯错误与纠正方法】

易犯错误	纠正方法
摇绳过慢	强调抬肘、抬手腕，大臂画圈摇绳
摇绳节奏不一致	刚开始两位摇绳者可以通过口令的方式，将摇绳节奏达到一致，培养双方的默契
摇跳过后容易断绳	练习时强调尽量跳高，寻找起跳的时机和节奏，多练习连续半蹲跳
身体前倾或屈腿过大	提示学生上体和腿要自然伸直，多进行连续跳的练习

【教学建议】

①原地并脚跳长绳要求向上起跳的高度与摇绳节奏相吻合，轻跳轻落；两脚交替轮换跳长绳要求身体靠近绳一侧的腿先向前侧跨跳，另一腿随即跟上越过、落地轻巧。练习时可以由慢到快，反复练习不断增加次数。

②可以让摇绳人和跳绳人共同喊口令，喊"1""2"时，准备；喊"3"时，绳子打地后快速跳入。

③可让学生徒手在旁边听节奏做原地并脚跳和两脚交替轮换跳，两前脚掌轻巧落地，两臂屈肘同时摆起，让跳动的节奏和摇绳节奏一致。

④摇绳人可以根据跳绳人进入绳子后的左右移动来判断和适应跳绳人的节奏、位置。

⑤教师和学生一起摇绳，主动适应跳绳人的节奏，移动摇绳位置让跳绳人进入跳绳中间。

3. 行进间跳长绳

【动作方法】

两人摇长绳，其余学生排成一列站在摇绳学生一侧。一般在摇绳打地后，跳绳人快速进入跳绳区，面对摇绳学生，跟上摇绳节奏起跳；可以并脚跳，也可以两脚轮换跳。出绳时，在绳打地后迅速从进绳的对角方向离开。

【动作要点】

摇绳节奏稳定，跳绳人注意听和观察进绳时机。

【教学重点和难点】

重点：起跳点和进绳时机的把握。

难点：跳绳人准确找到进绳的时机和节奏。

【教与学的方法】

（1）先从徒手的起跳节奏练习开始，将较熟练的学生安排在队伍的前方带动跳绳的节奏，较生疏的学生穿插在中间，便于后面学生进行指导和提醒。

（2）摇绳人在第一次摇绳时可以同时向左（右）边跨步，摆上臂摇绳让第一次摇绳的幅度增大，给跳绳人充分的起跳准备时间和空间。

（3）多人行进间跳长绳需要跳绳人站在摇绳人摇绳的方向，跳绳人站位应该尽量紧凑，一个跳进后另一个接着跳进，节奏需紧凑不能有空隙和停顿。使所有跳绳人的踩跳节奏为一致的目的。可以尝试让后面学生扶前面学生腰部或抓前面学生衣服。

（4）摇绳人和跳绳人共同喊口令，喊"1""2"时，准备；喊"3"时绳打地后，快速进绳，之后的每一位跳绳人进入绳中，提前给予"进"的口号，帮助学生快速体会，找到起跳时机。

（5）摇绳人可以搭配教师或学生一起摇绳，主动适应跳绳人的节奏，移动摇绳位置让跳绳人进入跳绳中间。

（6）跳绳人应尽量跳入两名摇绳人中间，确保起跳的时机与起跳的空间高度。

（7）可让学生徒手在旁，听节奏做上前两步原地并脚跳和两脚交替轮换跳。两前脚掌轻巧落地，两臂屈肘同时摆起，让跳动的节奏和摇绳节奏一致。

（8）可以进行定时练习和分组比赛，有利于培养学生团队合作意识，提高学生竞争意识。

【易犯错误与纠正方法】

易犯错误	纠正方法
摇绳过慢	强调抬肘、抬手腕，大臂画圈摇绳
摇绳节奏不一致	刚开始两位摇绳者可以通过口令的方式，将摇绳节奏达到一致，培养双方的默契
摇跳过后容易断绳	练习时强调尽量跳高，寻找起跳的时机和节奏，多练习连续半蹲跳
前后跳绳人的紧凑感不够，衔接容易脱节	提示学生上一位跳绳者起跳后就可以准备进入起跳至绳子的中间

【教学建议】

（1）摇绳节奏要一致且稳定，速度可以适当放慢。

（2）全盲学生可以用手触摸摇绳学生的摇绳手臂，当摇绳手由上向下时就迅速做好进绳准备，绳向下打地时快速进入跳绳区。

（3）如果跳绳人没有完全进入跳绳区，摇绳学生可以调整自己位置来适应跳绳人，也可以用语言提醒跳绳人移动位置。

（4）面对摇绳人，向一侧偏45度左右是较为合适的出绳角度。

4. 双直摇跳

【动作方法】

在两脚并脚跳的基础上加快手臂、手腕摇绳速度，使身体跳起来一次，摇绳过身体两次后脚再落（如图8-9所示）。

图 8-9　原地两脚依次跳长绳

【动作要点】

摇得快，跳得高。

【教学重点和难点】

重点：加快摇绳抖腕快速、找准摇绳节奏。

难点：摇绳与跳跃动作的协调配合。

【教与学的方法】

（1）教师引导学生对已学习和掌握的跳绳基本技术进行详复习和练习。

（2）进行双摇跳的体验，练习时动作要遵循由慢到快，由易到难，并通过多次练习，逐渐掌握方法。

（3）教师统一口令，集体统一做。学生先从徒手模仿双摇跳（快速摇两次）的动作开始，要求起跳高、手腕放松、快速摇动。

（4）练习应从分解动作开始，先单摇跳开始，动作连贯后，尽量跳高，加快摇绳做一次双摇跳。可以五次单摇跳接一次双摇跳，然后三次单摇跳接一次双摇跳，慢慢过渡到连续双摇跳。

（5）练习中根据学生的表现及时纠错与指导，过程中以鼓励为主，特别要多关注对动作掌握有困难的学生，要及时给予进步学生表扬。

【易犯错误与纠正方法】

易犯错误	纠正方法
身体前倾或屈腿过大	提醒学生上身和腿要自然伸直，多进行双手持对折绳的练习
摇线过慢	强调抬手腕抖动摇绳，多进行双手持对折绳的练习
双摇跳过后蹲下	多进行双手持对折绳的练习，强调尽量跳高，多练习连续半蹲跳
摇跳过后容易断绳	练习时强调尽量跳高，寻找起跳的时机和节奏，多练习连续半蹲跳
发力点不对，没有用抖腕力量	反复进行双手双绳摇绳练习，适当可以多一些手腕相关力量训练，有意识地增加手臂和手腕的力量和弹性

【教学建议】

（1）双摇跳是在单摇跳和编花跳的基础上进行的，对身体的灵敏性、协调性要求较高，教师要引导学生先复习已掌握的跳绳基本技能，再进行双摇跳的体验，并通过多次练习，逐渐掌握方法。

（2）双摇跳绳的长度比单摇跳绳要长。绳的长度可以根据身体高度判断，单脚或双脚踩住绳中央，绳能拉伸至腋窝下即为长度合适。

（3）可让学生徒手模仿双摇跳（快速摇两次）的动作，要求起跳高、手腕放松、快速摇动。教师可以口令提示集体统一做。

（4）可让学生双手各持一条对折短绳，在跳起后快速摇绳两次，连续进行。

（5）注意跳绳姿势，落地后屈膝缓冲，不要紧绷着落地，避免反复冲击力和震动对身体造成伤害。

（四）教学评价要点与建议

教学内容	评价要点			评价建议
	知识	技能	态度	
向前摇绳间隔交叉跳	了解向前摇绳间隔交叉跳的动作名称和技术要领	1. 能够清楚介绍向前摇绳间隔交叉跳的技术动作； 2. 能够连续跳 10 个以上向前摇绳间隔交叉跳	1. 能够积极主动地完成任务； 2. 能够和同学相互分享练习体会或心得； 3. 能够对自己练习的表现进行评价； 4. 能够简单评价同学的练习动作	1. 教师应对学生的运动能力进行分层评估； 2. 评价过程中要注意学生的进步，不能一刀切
跳长绳	了解跳长绳的几种动作要领与方法	1. 能够熟练掌握并跳长绳的动作技术； 2. 能够熟练掌握两脚依次跳长绳的动作技术		
行进间跳长绳	了解行进跳长绳的方法与技巧	1. 低视力学生和运动能力较强的全盲学生能够熟练进行行进间跳长绳； 2. 全盲学生能够熟练进行原地跳长绳，并能顺利出绳		
双直摇跳	了解双直摇跳的动作要领与方法	能够连续跳 10 个以上双直摇跳		

四、课程 4　趣味体育游戏活动

民族民间传统体育游戏是在历史发展进程中，伴随国人民俗民风、文化艺术结合在一起的智慧结晶，其运动形式既富有浓郁的民族风格，又有独特的游戏特色。在盲校开展民族民间传统体育游戏活动，以调节身心、强身健体为主要目的，挖掘游戏中的创新玩法，培养视障学生主动性、积极性，提升学生的自主探究学习和互相合作的创新能力，树立责任意识和团队协作意识，促进学生身心和谐发展。

（一）教学目标

通过教学，使视障学生了解游戏的目的、方法和规则，基本掌握拔河

（集体）、谁最行和背靠背等游戏的基本技术技能，发展学生身体的协调性、灵敏性和平衡力，提高力量、耐力的身体素质和节奏感，使学生体验游戏的乐趣和成功的喜悦，增强民族自信心和自豪感，培养自主探究学习的能力和互相合作能力，树立责任意识。

（二）教材分析

民族民间传统体育游戏具有趣味性、竞争性、健身性、创造性和教育性等特点，能够丰富视障学生课余活动，广受学生们的欢迎。通过民族民间传统体育游戏可有效发展学生的身体素质和组织运动能力，激发和培养学生对体育活动的兴趣，达到身心娱乐的效果。

（三）教学内容与教学建议

1.拔河（集体）

【游戏目的】

增强视障学生的肌肉力量和耐力，提升学生团队凝聚力、团队协作意识和勇于拼搏的意志品质。

【游戏方法】

在一块平整的场地里，准备一根粗绳，并将一根红布条系在粗绳中间作为标识带。将学生分成人数相等的两组，分别站在"河界"线两侧，双手抓握粗绳做好准备。

裁判员发出"预备"口令后，两组队员站在绳子两侧，轻轻用力向后拉直绳子，使绳上的标志带垂直于中线。裁判员鸣哨或发出"开始"口令后，两组队员迅速用力向后拉，把标志带拉至本方"河界"的小组为胜（如

图 8-10 所示）。

图 8-10　拔河

【游戏规则】

（1）必须鸣哨或听到"开始"口令后才能够用力拉绳。

（2）胜负以标识带过"河界"垂直面为准。

【教学建议】

（1）在游戏前，教师应带领学生充分做好热身，活动上、下肢肌肉和关节，避免游戏中拉伤、扭伤、腰伤等症状。

（2）教师应在游戏前教授学生拔河的基本动作要领，使学生了解拔河运动的全过程，并体会拔河全身发力的过程。

（3）在拔河动作要领中，学生应站在绳子两侧，双手紧握绳子后，双脚蹬地，后者的前脚顶住前者的后脚，身体向后仰，保证重心在后；发力时，脚蹬地和手用力拉绳要相互配合，注意节奏性。

（4）在赛前教师着重强调，比赛一旦宣布开始，除得到老师的指示外，其他任何情况一律都不得松手，以防学生摔伤。

（5）比赛时，每组可选派一名啦啦队员，用口令或口号等方式指挥本组成员一起用力争取比赛的胜利，让学生感受到同心协力、团结一心的力量才能取得胜利。

2. 谁最行

【游戏目的】

增强视障学生的手臂肌肉力量，提高腹部核心肌群，发展身体协调性和平衡能力。

【游戏方法】

将学生分成人数相等的两组，使之面对面站好。每组组员手拉手说唱口令，当说完"xxx与他赛一赛"时，两组中被点名的学生分别站在中线两侧，两脚前后开立，各自右（左）脚的外侧相对，伸出右臂（左臂），相互握紧对方手腕。

游戏开始时，双方互相用力推或拉，拉对方脚部和手臂，尽量使自己保持平衡。使对方失去平衡、双脚移动位置的一组获胜（如图 8-11 所示）。

图 8-11 谁最行

【游戏规则】

（1）游戏中，除相互接触的手臂，身体其他部位不得接触对方。

（2）游戏中，两脚始终不得移动位置。一旦一方移动，游戏结束。

【教学建议】

（1）在赛前教师着重强调，比赛一旦宣布开始，除得到老师的指示外，其他任何情况一律都不得松手，以防摔伤及其他安全问题。

（2）教师应在游戏前教授学生谁最行的动作要领和注意事项，使学生了解这项游戏的方法，并体会手脚同时发力的过程。

（3）在游戏前，教师先带领学生熟悉口令，活跃课堂气氛并激发学生游戏的兴趣。

（4）在游戏前，学生应充分活动上肢肌肉和关节，避免游戏中拉伤、扭伤。

（5）教师要引导学生在游戏比赛时不能仅靠蛮力取胜，要懂得善于思考，用力时做到收放自如，四两拨千斤。

3. 背靠背

【游戏目的】

增强学生手臂肌肉的力量，提高学生核心素质，培养协同合作的意识和能力。

【游戏方法】

两人背对背站立，臂肘在身后相挽，互相背起或放下。动作有节奏，并伴以音乐中的口令相伴（如图8-12所示）。

图 8-12　背靠背

【游戏规则】

随着说唱口令的节奏背起、放下，看哪一组配合更默契，节奏更准确。

【教学建议】

（1）分组时，应安排身高、体重和体能较为接近的学生为一组。

（2）教师应提醒学生游戏中的注意事项，例如，背起同伴时弯腰幅度不可过大，以免发生危险。

（3）游戏前，教师带领学生学习儿歌，活跃课堂氛围，提高学生游戏的兴趣。

（4）带领学生进行准备活动，帮助学生建立两人协同配合的意识，成功完成任务的同时，避免游戏中拉伤、扭伤。

（四）教学评价要点与建议

教学内容	评价要点			评价建议
	知识	技能	态度	
拔河（集体）	了解游戏的方法、规则以及安全注意事项	1.初步掌握游戏方法，了解拔河的基本动作要领； 2.能够与同伴安全地进行游戏比赛； 3.肌肉力量和耐力得到有效提高	1.出勤好； 2.能够积极、认真、努力地完成学习任务，虚心学习，主动改正不足； 3.同学之间团结协作、互相帮助、配合默契； 4.游戏与比赛中，做到胜不骄、败不馁，心态积极，坚持不懈	1.每次课教师应坚持记录学生出勤情况； 2.教师应以发展的眼光对学生的学习态度、动作质量、行为表现进行综合评价； 3.评价关注教学过程中学生的表现，可运用学生互评、师生共同评价以及学生在教师指导下进行的自我评价等多种评价方式； 4.多采用表扬鼓励的办法，对学生的完成情况进行评价，鼓励学生大胆练习，大胆尝试，改正不足，不断提高
谁最行	了解游戏的方法、规则以及安全注意事项	1.初步掌握游戏方法，了解基本动作要领； 2.能够与同伴安全地进行游戏比赛； 3.肌肉力量和耐力得到有效提高		
背靠背	了解游戏的方法、规则以及安全注意事项	1.初步掌握游戏方法，了解基本动作要领； 2.能独立说唱儿歌，并在儿歌的节奏下与同伴协同一致地安全完成游戏		

五、视障学生的体育课方案

体育课是视障学生最热爱的课程之一，它有利于培养视障学生良好的锻炼习惯，热爱运动，身心健康，满足生活基本体力需求。引导视障学生自我学习，逐渐与社会生活接轨。

视障学生的体育课方案以视障体育教学的课程开发为契机，以视障学生为主导，促进视障学生的运动兴趣。

（一）视障学生体育健身原则

1. 视障学生体育健身要坚持以有氧训练为主

在社会活动和日常生活中，视障学生往往动作缓慢小心，他们的心肺功能相对较低。在安排课程中时应以中等强度为主，训练要缓慢进行。因此在辅导视障学生运动前应做好准备活动，让他们的心肺负荷逐渐加大，运动机能提前预热。在内容选择上，要以有氧健身为主，在有一定的基础后，适当增加运动量。要注意随时调节视障学生训练的强度，一次训练中要注意间歇，一般15分钟就要间歇一次，适当进行调整，然后再进行下一个项目。

2. 发挥视障学生的优势，创造更好的运动训练环境

视障学生对节拍音乐、悦耳的声音有特殊的感受，他们会在声音的影响下自主进行运动。在辅导视障学生体育健身时，尽量配有音乐和节奏，这样会极大地提高视障学生健身的兴趣，并且能够促进视障学生学习和掌握动作。

教师在指导中还要坚持以表扬鼓励为主，最大限度地调动视障学生的积极性。纠正不足时，要对学生进行个别的指导，为他们更好地参与健身创造有利条件。

（二）指导视障学生体育健身的基本方法

根据视障学生的身心特点在体育健身教学中除了可以采用常见的指导方法以外，还可以采用一些更具有针对性、更适合视障学生的教学方法。

1. 语言讲解提示法

在辅导中，教师的语言要精确、简练，表达要清楚，给视障学生讲解正确的概念，例如，横跨一步，一步要多大，是与肩同宽还是三脚距离，出左脚还是出右脚等一系列表述。因此教师的语言一定要精确，要把方向、角度、距离、出左脚还是出右脚等讲清楚，要把部位路线、过程到达的位置距离和方位等都特别加以说明。对较为复杂的动作，可分为 2 ~ 3 步进行分解，最后整合成完整动作。特别是在完成动作的定位定型时，要建立正确的概念，使视障学生能完成标准的动作。

2. 近观示范模仿法

这种方法主要适用于低视力和视力有缺陷的视障学生。要求教师的示范动作要慢，动作过程要准确。视障学生近观时，不做队形的要求。对较为复杂的动作，教师还要加以语言的提示，如视障学生在注意教师四肢的动作时，对腿部、腰部等部位的动作就容易忽略掉，此时教师就要特别加以说明。

3. 手感触摸形象法

这种教法主要是针对全盲的视障学生，要求指导教师的动作定型要准确，由视障学生用手触摸教师动作的造型和位置。该方法一般分为二种，一种是定位。要让视障学生从上至下体会正确的动作，上下左右都要感觉到位，纠正视障学生"摸象"的错误，给视障学生一个整体的感觉。在有些部位，视障学生摸到时教师要给予语言讲解和提示，加深其动作印象。在触摸后要立即完成动作，在完成中要给予正确指导，特别是错误动作，要及时纠正并辅导视障学生反复地练习。

4.一帮一演练法

针对内容较为复杂和变化较多的动作，教师可以先教志愿者，然后让志愿者参与采用手把手地"一帮一"进行。志愿者在视障学生身后，待握视障学生双臂进行移动，辅以语言提示，动作要慢，部位要准确，需要动脚时可用脚提示移动方位。一帮一演练练习必须让视障学生加强自我练习，熟记路线。

5.互帮多练记忆法

视障学生在学习中很容易忘记动作，在辅导中教师要组织视障学生多练习和相互帮助，发挥低视力学生的优势，辅导全盲学生的练习；要纠正视障学生自我练习时把小动作和过程丢掉的现象，把视障学生分成若干小组进行练习，相互帮助，共同练习，发现问题或有争议时要停下来及时指导，避免错误动作的延续。记忆动作时，要求可以记少，但不能记错，在反复多练中加深记忆。练习过程中应慢分解，不丢小环节，把握住基本方法，可根据自我的习惯记准动作的名称。

（三）视障学生进行体育活动时的注意事项

由于视力障碍，视障学生动态行为具有很大的不确定性，他们的听觉会显得格外灵敏，有的人还对盲杖有特别的依赖。因此，教师在辅导中语言要礼貌、动作行为要适当缓慢，切记不可强行拉拽，随意触摸甚至剥夺其盲杖。

1. 消除视障学生的运动恐惧心理，引领他们进入运动状态

视障学生都渴望和普通人一样参加健身娱乐活动，拥有一个健康的身体。但是在视力的限制下，投入到具体运动时往往表现出担心和退缩。怕受到伤害是第一反应，此外，他们也担心他人嘲笑。因此，教师引导视障学生进入运动环境，要从消除其心理障碍开始。

2. 做好视障学生初次进行体育锻炼的引导

在接触视障学生时，要介绍自己的姓名身份和上课目的。在进入新的活动区域和练习场所时，要逐一介绍室内的器械摆放和它们的间距，然后引领视障学生依次触摸，使他们对活动场所的设备条件和空间有较清晰的了解。在教视障学生使用器械时，要讲清器械的练习方法，特别是如何正确地使用，一定要耐心介绍，较复杂的项目要完整地介绍。

另外，教师要注意预防和处理好视障学生体育活动中的运动损伤。对于刚进入运动环境的视障学生，最好是由志愿者配合进行一对一的辅导训练。训练内容目标应简单易行，让视障学生通过训练可以获得成功并有所收获。训练中，要注意视障学生兴趣的培养，多鼓励表扬，在完成动作后使视障学生有获得成功的快乐感受。在练习间歇和结束时要积极主动地与他们交流，让视障学生充分表达自己的感受，耐心聆听他们的意愿，促使他们能够长期参与体育健身活动。

（四）视障学生的课程设置

1. 热身活动（20分钟）

热身操（5分钟）——静力性力量（10分钟）——有氧协调性运动（5

分钟）

2.趣味项目（20分钟）

（1）摸石头过河（10分钟）

图 8-13 摸石头过河游戏集锦

（2）二人夹球接力跑（10分钟）

图 8-14　二人夹球接力跑游戏集锦

3. 团队项目（20分钟）

（1）呼啦圈接力套（10分钟）

（2）拔河（10分钟）

图 8-15　拔河比赛集锦

（五）视障学生课程的具体实施

1. 教师自我介绍：同时与学生进行互动，做一个初步了解。

2. 介绍课程计划：将详细的课程内容告知学生。

3. 热身操：由教师带领，边讲解动作要领，边在节奏活跃的音乐配合下进行各关节的活动（踝关节 – 膝关节 – 髋关节 – 腰 – 肩关节 – 肘关节 – 颈部），志愿者可同时一起参与并配合辅导。

4. 静力性力量：由教师带领，边讲解动作要领，边进行力量训练。

（1）平衡下蹲

双脚打开与肩同宽，两只胳膊朝向身体前侧平举出去，然后保持这个姿势不变，双腿屈膝下蹲，蹲到极限，再慢慢站起。一定要注意让学生在练习时要慢下慢上，越慢越能感受到肌肉的发力；每组做 10 个，每次训练 3 组，间隔时间为 1 分钟。

（2）平板支撑

俯卧，双肘弯曲支撑在地面上，肩膀和肘关节垂直于地面；双脚踩地，身体离开地面，躯干伸直，头部、肩部、胯部和踝关节保持在同一水平面；收紧腹肌和盆底肌，脊椎延长，保持均匀呼吸；每组保持 60 秒，每次训练 3 组，间隔为 1 分钟。

5. 有氧协调性训练

（1）原地高抬腿

将一条腿抬到更高的位置，为了保持身体的平衡，手臂也应该相应地抬高，大腿和腹部之间的角度最好为 90 度。抬腿时，要注意用力收腹，双腿轮流；每组 20 次，每次训练 3 组，间隔为 1 分钟。

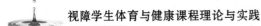

（2）开合跳

身体站直，抬头挺胸，眼睛直视前方，双手放松垂在身体两侧；跳起来的时候，双脚向外打开，双手高举过头到接近头顶正上方的位置，双手双脚都打直，膝盖不要弯曲；每组 10 次，每次训练 3 组，间隔为 1 分钟。

6. 课间休息：2 分钟。

7. 集合讲解趣味项目的课程内容

（1）分两个队伍采用接龙形式，给每个队的第一个学生准备羽毛球拍，讲解球拍的握法，然后用一个羽毛球放在球拍甜区，用球拍托住球移动绕桩后返回起点，将球拍和球交由下一位学生。

（2）分两个队伍采用接龙形式，用呼啦圈为教具，两名学生配合将呼啦圈用身体夹在两人的腹部，不让呼啦圈掉落，最后两人共同慢慢行进绕桩后至起点。

8. 课中休息：2 分钟。

9. 集合讲解团队项目的课程内容

（1）利用呼啦圈教具，让大家围成一个大圆圈，从第一个学生开始，让每个学生将呼啦圈从头部套入然后快速从脚部脱出交至给下一个学生。

（2）一名志愿者和一名视障学生交叉站位，共同配合完成拔河项目。在拔河时志愿者及教师要时刻注意视障学生的安全问题及运动损伤，防止意外发生。

10. 做拉伸肌肉恢复

（1）上肢拉伸：双脚分开比肩略宽站立，双腿伸直，向前慢慢屈体，双手尽可能地接触地面，感受大腿后侧肌肉的拉伸；每组 10 秒，每次 3

组间隔 20 秒。

（2）上肢拉伸：手指相扣，掌心向外，将双手抬至胸前高度并伸直手臂，锁住手肘并将肩部向前推出；每组 10 秒，每次 3 组，间隔 20 秒。

（3）腹部拉伸：站姿拉伸，双脚并拢，收紧腹部，双手臂伸直并拢在一起，向头部方向打开，同时腰部尽可能向后伸展；每组 10 秒，每次 3 组，间隔 20 秒。

11. 集合并总结课程后下课，课后与学生进行课程交流。

第二节　活动集锦

一、活动 1——视障生秋季运动会比赛规程

（一）指导思想

体育运动不仅能锻炼身体、解放学生天性，还能使学生获得许多受用一生的好习惯。体育也有助于培养学生勇敢顽强的性格、超越自我的品质、迎接挑战的意志和承担风险的能力，有助于培养学生的竞争意识、协作精神和公平观念。

学生运动会为了贯彻疫情防控要求，减少集体项目的安排，特别是在室内的聚集活动，设计了新的户外团体项目，培养学生的团队合作意识，促进师生之间的交流。

（二）时间

具体举行日期。

（三）比赛地点

本校运动场（大操场、球类馆、跑道、笼式足球场）。

（四）比赛项目

1. 集体项目

（1）第九套广播体操：大操场，按照大的分组排两列纵队，在入场仪式后进行，由全组同学、教师参加，教师排在学生后面，从动作（70%）、精神面貌（20%）、服装（10%）三方面进行评比。

（2）历史的传承

全体师生按要求站在大操场跑道，请教师把学生尽量按低视、全盲的划分间隔开，现场根据指挥进行。请各位教师在学生到操场前用消毒速干洗手液洗手，比赛结束后回教室再次进行消毒。

2. 个人项目

详见分组竞赛项目，每位同学限报4项，校运动队队员限报5项，每班在报名时注意，每个项目最多报本班同学的75%，报名时人数不能过于集中。低视组径赛30米、60米在后跑道，其他在操场跑道。

3. 备注

（1）集体项目比赛时请全体师生到场参与。

（2）全体师生穿运动服装、运动鞋参赛，比赛进行时请遵守赛场秩序。

（五）分组竞赛项目

（1）男子低视组：田径60米、田径400米、田径1500米、立定跳远。

（2）男子全盲组：田径 200 米、田径 400 米、田径 1500 米、立定跳远。

◆男子共同项目：30 秒跳绳、1 分钟双飞、1 分钟俯卧撑、实心球、屈臂悬垂。

（3）女子低视组：田径 60 米、田径 400 米、田径 800 米、立定跳远。

（4）女子全盲组：田径 200 米、田径 400 米、田径 800 米、立定跳远。

◆女子共同项目：30 秒跳绳、1 分钟双飞、1 分钟俯卧撑、1 分钟仰卧起坐、实心球、直臂悬垂。

（六）单独分组在足球场比赛

1. 小小搬运队

第一个队员从左边挡板开始将球搬运至对面，随后通知对面的（左边）队员可以进行下一轮搬运，完成规定要求的搬运（如要求搬运 4 个球）。根据计时进行排名，时间较短，名次靠前。

2. 冲锋陷阵

通过走固定位置的呼啦圈、抱球前行、爬行前行到达指定终点（可以适当辅助）。根据计时进行排名，时间较短，名次靠前。

3. 投掷接力

每小组派选若干名学生进行投掷（门或足）球，观察球落点并标记。第二名同学站在第一名同学的落点进行接力投掷，反复如此，根据距离远近进行排名。

4.跑走接力赛

每个队伍安排规定的人数进行跑与走的接力，每一队只能有一名队员可以快速跑，其余队员须快速走（可辅助），通过跑过去并跑回来（走过去并走回来）进行接力。根据计时进行排名，时间较短，名次靠前。

（七）奖励办法

（1）广播操从各专业评出一个班级获奖，历史的传承全体有奖。

（2）个人项目得分将按照该项目参赛人数而定。

◆ 11 人及以上取 6 名，按 7、5、4、3、2、1 记分。

◆ 8 ~ 10 人取 4 名，按 5、3、2、1 记分。

◆ 5 ~ 7 人取 3 名，按 4、2、1 记分。

◆ 3 ~ 4 人取 2 名，按 3、1 记分。

◆ 2 人取 1 名，按 2 记分。

◆ 1 人记 1 分。

◆ 全盲带跑算人数、不记分，有参与奖；如同组全是带跑则计算分数。

（3）长跑项目（800 米、1500 米）得分翻倍。

（4）破校运动会纪录加 4 分。

（5）集体获奖取前三名班级，计算方法按班级总得分（个人项目得分累计）与班级人数之比，给予奖状一张及奖品数个。

注：报名日期截至具体比赛日期前，请上交至体育学院公体教研室。

需要器材：挂横幅，球（数个）、呼啦圈（数个）、补给（水和运动饮料）、石灰、秒表、笔、板、纸、夹子等器材。

二、活动 2——校园盲生定向行走策划方案

（一）活动目的

在刚过去的国际盲人节，世界各地均以不同的形式来组织活动，借此来庆祝盲人朋友们节日快乐，并鼓励盲人朋友们要学会独立，学会坚强，以身残志坚的顽强品质快乐地生活下去。同时，也呼吁社会各界人士共同来关注盲人、关爱盲人和关心盲人。为了积极响应社会的号召，我们×××大学学生青年志愿者协会将在本校大学生中开展盲人定向行走的培训：

（1）青年志愿者通过学习助盲的理论知识以及实用的技巧，能够熟练地应用，通过考核过的学员能指导盲人学习定向行走，帮助他们走出家门，走出内心的阴影。

（2）通过教盲人朋友们定向行走训练，使他们获得应有的公民平等权利，达到自强和自主的境界，丰富自己的视野，更好地融入社会。

（3）以自己的实际行动来呼吁更多的爱心人士来关注和关爱盲人群体，促进社会的和谐。

（二）活动主题

关爱盲人弱势群体，共同促进社会和谐。

（三）举办单位

×××大学学生青年志愿者协会。

（四）活动对象

×××大学青年志愿者协会会员、×××大学爱心协会会员、×××大学体育学院、社团。

（五）活动时间

具体举行日期。

（六）活动地点

×××大学××校区。

（七）活动流程

1.让组员们先自我介绍，谈谈对盲人生活的认识以及对定向行走的理解。

2.进行"大树与松鼠"游戏，从中让大家对盲人定向行走有初步的概念，为接下来的技能培训做铺垫，也可以活跃现场的气氛，让大家融入一个整体。

3.谈谈自己对盲人定向行走的认识，以及向大家告知我们在志愿者之间开展此次培训的目的——让更多的人关注盲人，向他们传递此项技能，使他们掌握出行技巧，更好地融入社会。

4.先在一起进行学习助盲的基本知识，然后将所有的人分成两到三组，再分配一个专门的负责人，小组成员两两搭配，分别进行以下定向行走训练。

（1）讲解基本知识

了解盲人定向行走的定义，熟知定向与行走的关系，学习定向行走的目的，及它的实用价值。

（2）了解与使用盲杖

了解盲杖知识：盲杖的历史、盲杖的种类、盲杖的构成、颜色、盲杖的长度、盲杖的重量、强度、传震性、视残学生对盲杖的选择、简易盲杖的制作使用盲杖技巧：斜握法、直握法、斜杖而行、持杖沿边缘线行走、盲杖触地辨别、盲杖探索障碍物、进出门、左右点地式行走（两点式触地行走）、三点式触地行走、持杖上下楼梯、携杖上下滚梯、校内持杖行走、携杖置杖、短杖技术。

（3）正式进行盲人定向行走的训练

①随行技巧：接触、抓握、站位与随行、一人导多盲、换边、向后转、过狭窄通道、进出门、上下楼梯、落座、接受和拒绝帮助。

②独行技巧：上部保护、下部保护、顺墙行走、沿物慢行、垂直定位、穿越空间、寻找失落物体、请求帮助、上下楼梯。

5.为了巩固志愿者们学到的技能，可以在各个小组之间开展技能比赛、比如如何正确地接触盲人，如何帮助盲人过马路、通过障碍物、寻找座位或者其他东西，盲人如何进行自我保护、正确使用盲杖等基础技巧。最终评选出最佳优秀奖，并奖励一些小礼物，让组员能从中对盲人定向行走产生兴趣，将该项技能传递给盲人朋友。

6.总结大家对定向行走训练的感受，设想自己如何通过具体行动来帮助盲人，提出更多的能改变盲人的生活条件、独立出行的方法，再登记有意者的信息，并让他们在课后练习，为下一次盲人助跑、与盲人过元旦或春节以及与相关社团练习教一些盲人定向行走做准备。

（八）工作安排

（1）秘书处：通知视障学生；协会各部门会长：在本部门做好宣传，传达给各个干事；新闻部、媒体部：派学生记者做好记录和报道；宣传部：绘制海报、展板，做好校园里的宣传。

（2）向社团总会申请活动，并联系学工部新闻小组记录和报道。

（3）联系宣传部绘制海报，并制作出相应的展板，做好校园里的宣传。

（九）前期准备

（1）签到本。

（2）盲杖六根、眼罩八个、"盲人定向培训图册"六本、盲人定向行走训练基本资料 10 张。

（3）三张凳子以及一些小礼品。

（十）后续安排

（1）培养感兴趣的志愿者，组合助盲小组，再给他们讲解更为详细的助盲事项，指导盲人进行定向行走训练。

（2）联系上海市学生残联及盲协，争取得到更多的锻炼机会，让小组成员能够学以致用。

（十一）活跃团队气氛组安排——202×年×月×日，大树与松鼠

（1）事先分好几个组，三人一组，其中两人扮"大树"，面向对方

伸出双手搭成一个圆圈形成"树洞";一人扮松鼠并站在"树洞"中间;教师和其他没成对的学生担任自由角色。

(2)当教师喊"松鼠"时,"大树"不动,扮演"松鼠"的人必须离开原来的"大树",重新选择其他的"大树";教师或临时人员成为"自由松鼠"也乘机寻找"树洞",最后没有"树洞"的"松鼠"应表演节目。

(3)当教师喊"大树"时,"松鼠"不动,扮演"大树"的人必须离开原先得同伴重新组成一棵大树,并圈住某个"松鼠",教师或临时人员临时扮演"自由大树",最后没有形成"大树"的人应表演节目。

(4)当教师喊"地震"时,扮演"大树"和"松鼠"的人全部打散并重新组合,扮演"大树"的人也可扮演"松鼠","松鼠"也可扮演"大树",教师和其他临时人员也加入游戏中,最后落单的人表演节目。

(5)注意事项

① 要提醒学生在跑动过程中注意安全,避免受伤。

② 教师是否参与需要看具体情况。

第三节　残奥会精彩事迹分享

一、上海师范大学毕业生任铮浩:因为自己淋过雨,所以也想为他人撑把伞

据不完全统计:中国共有超过1700万的视障人士,平均每100个人中就有一位"黑暗行者"。

丧失了视觉，视障人士还能做什么呢？在我们主流观念中，视觉的丧失意味着一项基本生活能力的丧失。按摩、音乐似乎是为数不多的剩下能让视障人士从事的行业。

在技术条件不够发达的过去，视障人士总是面对着很多困扰。每一种探索和开拓都不会一帆风顺、水到渠成，视障人士除了自身的桎梏外，更有外界多样的环境障碍需要一个个挑战克服。

上海师范大学对于这个特殊的群体设立了首个沪上高校无障碍学习空间，其中成员便有任铮浩以及和他同吃同住的视障师弟沈阳，他们共同创业开发出免费盲用上网程序"冲浪星"。在他们看来，信息空间的无障碍远比物理空间的无障碍更必要。在无障碍学习空间中有师生共同编制的师大奉贤校区盲文地图册，用手指触摸便可了然于胸：从全景图，到东南部局部图，再到所有教学楼平面图，足有十多页，印行了 20 多册。除了现实与虚拟空间的"增能平台"之外，更高层次的无障碍还在于观念无障碍、人际无障碍以及整个社会的无障碍，通过盲用程序相互陪伴、共同成长，平台提供高质量就业、高水平创业机会。

任铮浩毕业于上海师范大学，是上海师范大学招收的第一批视障学生，也是上海师范大学开展诸多盲人公益项目的受益者之一。相信也正是因为这些资源共享和学校的帮助与培养的加持之下，才造就了如今功成名就的他，甚至进入了苹果公司进行相关的工作。

任铮浩是一名视障人士，出生后视力极差，到七八岁时成了全盲。但这样的逆境并未磨灭他好学真慎的个性。在幼儿园时，他就学起了琵琶，每天两小时的练琴，手指红了破了，他都咬牙坚持，终于凭着勤学苦练，在上初中时考到了琵琶十级。他是新中国成立以来首批参加独立为视障人士设立考试的学生。在他之前，视障人士参加普通高考困难重重，即使考上大学也仅有几所大学的针灸、按摩等专业供他们选择。

从小读盲校的他，在高考前迎来他生命中最灰暗的时刻，他不知自己应该何去何从，摆在他面前的只有极个别自己并不喜欢的专业，在当时那样的迷茫中，他选择了给当时主管教育方面的副市长主动写了一封信件，希望可以给视障学生多一点选择，他们也希望可以和正常人一样读书、吃饭、生活。而最后的结果告诉了他，他的这个举动给自己争取的一份机会，一份和正常人一起读书生活的机会，一份可以自主选择喜爱专业的机会，他也非常珍视这份来之不易的机会。

2002年，上海市教育考试院首次单独为盲人命题设考。他高考完美发挥，成功地考入了上海师范大学学习自己心仪的专业。任铮浩考了514分，单科成绩分别是：历史124分、外语129分、语文120分、数学141分，是3位盲生中考分最高的。"考下来，感觉不错，这个成绩也在意料之中。"任铮浩曾在某次采访中说道："倒是妈妈挺激动的，拿着成绩单看了一遍又一遍，还说'我的儿子不比别的孩子差'。"对是否能被录取，任铮浩很有信心。他说，要抓紧外语学习，因为报考的是上师大外语专业；还要买台电脑，再装上发音软件，练习一下操作技能。

任铮浩现任职于上海盲人学校，从事学校盲文教材、试卷等的翻译制作以及测试和推广盲用设备，向高校培养和输送优秀生源，形成良性正向循环。上海市盲童学校是任铮浩的母校，到母校来教书，任铮浩感觉很亲切：同事是以前的老师，校舍是原来读书的教室。圆梦盲校的任铮浩显得格外兴奋，他现在的工作主要是辅助教学，指导学生们上计算机课。

他给不计其数的盲人孩子带去了孩子们渴望的知识。作为一位盲人教师，独立完成教学还是有一点困难。"一旦孩子在操作中遇到问题，普通老师一看就知道问题出在哪里。"而他则必须戴上耳机"听诊"。而正因为是学校唯一一位盲人教师，任铮浩更能理解孩子们的困难。"我并不是教他们跟正常人一样熟练操作，而是告诉他们最便捷的方法。"除此之外，任铮浩凭借着自己的英语专业优势，负责组织英语兴趣小组的活动。

市盲童学校共有约 150 名学子在读，还有五六十名学子在其他中小学随班就读。他说，适龄盲童的高考入学率达 80% 到 90%，期待更多高校向视障学生敞开大门，并使他们真正融入大学生群体。

除了任铮浩自己的努力，他也遇见了使他生活更加便利的视觉科技设备，通过科技设备来帮助自己工作、日常生活。比如出门买菜，手指一指，科技设备就可以识别商品、价钱。之前出行很难做到这些，当下的科技真正做到了解决他实际使用当中的难点。除了眼睛看不见，盲人和普通人没有区别，甚至在黑暗中他们更强大。任铮浩很感谢这个时代的科技发展，也正是因为科技的高速发展给他们这些盲人提供了更多的可能。这个时代的科技给他们这帮特殊的人群带来了便利，而他们也在尽自己最大的努力奉献社会！

二、中国首位残奥会冠军平亚丽：逆境中用力绽放生命之花

平亚丽出生于北京，先天患有白内障的她视力不足 0.1，从出生的那一刻起，就无法用眼睛感知世界。8 岁那年，又一轮打击袭来，她的母亲

因为癌症不幸早逝。在平亚丽小的时候，国人对于残疾人还无法像现在这样包容和理解，残疾人在人们的心目中几乎等同"废人"。她还清楚地记得建军节时报纸上用大字写着"向'残废军人'问好"时自己的感受，这让当时才十几岁的平亚丽心里觉得十分"膈应"，也是从那时起，她在心里暗下决心一定要证明自己不是废人。

命运的齿轮正在悄无声息地转动。12 岁时，平亚丽进入盲校学习，她很淘气，但淘气的同时展现出了出色的运动天赋。当时盲校的体育老师高贵鑫一眼看中她，认为她非常适合短跑，开始"哄"着她跳沙坑，练习短跑。然而因为先天的疾病，在投入专业的田径训练的过程中平亚丽面临最大的挑战就是看不见，所以很难跟着示范掌握运动动作的要领。当时她的教练想尽了办法，最后找了两个运动员，把他抬起来，做起了空中运动示范，让平亚丽摸他的腿部动作。这样艰难的训练，平亚丽也丝毫不敢懈怠，反而一直在刻苦训练。18 岁从盲校毕业后，平亚丽被安置在北京一家国营福利企业工作。一次她和同事在厂大院里打闹，她在看不见的情况下跑得飞快，这一幕刚好被前来寻找残疾人运动苗子的教练员看到。于是，平亚丽开始了白天工作、晚上训练的业余运动员生活。

皇天不负有心人，努力总是有收获的。1982 年平亚丽入选国家残疾人运动队，在教练的悉心指导下，她刻苦训练，专业素质和运动水平大大提高。同年 11 月，在香港举行的远东及南太平洋残疾人运动会上，平亚丽获得了三枚金牌、一枚银牌和一枚铜牌。1984 年 6 月第七届残奥会在美国纽约举行，中国首次派队参赛。23 岁的平亚丽参加了田径 B2 级盲人跳远项目，在最后一跳中，她铆足劲儿助跑，用力起跳时伴随着一声大吼，稳稳落在了 4.28 米的位置上，夺得了这个项目的冠军，实现了中国在残奥会史上金牌零的突破。

拿了金牌以后，平亚丽的生活并没有发生什么翻天覆地的变化，平亚丽的生活依然过得十分辛苦。平亚丽想自己是奥运冠军，一定不能给国家添麻烦、增负担。退役之后，平亚丽进入福利企业，然而，没过几年，体制改革加之工厂效益不好，她下岗了。此后不久，她也跟丈夫离了婚，独自一人带着同样遗传了眼疾的儿子生活。残疾又下岗，还要和有眼疾的儿子相依为命，平亚丽的生活一度陷入困苦。20 世纪 90 年代初是平亚丽人生中最黑暗的时期，用她自己的话来总结，就是"白天做演讲，晚上想自杀"。

直到有一天，小区通知换燃气管道，每户需要缴纳 6000 多元的费用，每月仅靠几百元下岗费和救济金生活的平亚丽实在无力支付这笔费用，甚至想着要不然就把金牌卖了换钱。可是，平亚丽又何尝不知，那枚金牌在所有残疾人运动员心中，乃至所有体育人心中的分量，平亚丽最终还是留住了那枚珍贵的金牌。在最艰难的时刻，她写信给时任北京市副市长张百发反映情况，后来当地残疾人协会帮助她解了燃眉之急。但要强的平亚丽觉得，凡事还是要自力更生，要靠自己为儿子争取生活保障。1999 年，时年 38 岁的平亚丽开始创业了。最早她用工地里捡来的材料在自己家隔出一间小房间，给人做推拿按摩。期初创业很艰难，但这一切都没有击垮她。因为不懂市场调研和经营管理，第一次开店失败了。但 2000 年，平亚丽就已经将所有的债务还清；2008 年，连锁按摩院开到了三家；如今她的按摩店规模越做越大，还招聘了很多和她一样的盲人作为按摩师。此外，她的儿子也顺利地从北京联合大学的钢琴调音专业毕业了！

从中国第一个残奥会冠军到成功的残疾人创业者，平亚丽走过了一条艰难又令人敬佩的人生之路，她以自尊、自信和自立的态度，以不断进取的精神，不仅改变了自己的人生，也在努力改变残疾人的生存状态，正如所她说："残疾人也要走向社会，从事自己喜欢的事业，活得有尊严、有滋味。"作为一个运动员，平亚丽用自己的奋力拼搏，为中国的残疾人体育事业赢得了荣誉，做出了贡献；作为一个残疾人，她又以自己的不懈奋斗，创业成功，成为残疾人自强不息的楷模。

三、残奥会柔道 48 公斤级冠军李丽青：以柔克刚，收获金牌

李丽青出生于广东省湛江市车板镇的一个小渔村，父母是地地道道的农民，家里还有两个弟弟和一个妹妹，生活并不富裕。穷人的孩子早当家，从小就懂事的李丽青明白父母的辛苦与不易，上小学时，每天下午放学回家，小小个头的她便牵着大大块头的牛行走在离家不远的田野。可是，李丽青不甘做一辈子"放牛妹"，对那时的她来说，努力学习才是唯一的出路。因此，她对自己要求十分严格、苛刻，就连做梦的时候也都在学习。努力总会有收获，每次考试，李丽青几乎都是班里前三名，家里墙上密密麻麻地贴满了她获得的奖状，是同学们眼中名副其实的学霸，上学、读书、毕业、工作这是李丽青原本应该有的人生轨迹。然而，初三那年，一切都变了。

2010 年，广东省残联组织教练下基层选取运动员，"按身体条件来说，李丽青特别平足。"李丽青的教练张贵富说，因为这一点，很多教练没选她。而对于李丽青来说，在此之前，她从未接触过体育，也根本不知道柔道是什么。李丽青的教练张福贵认为她身体条件好，而且敢打敢拼，心理

素质好，也够泼辣，所以选择了她。但与此同时张富贵也告知李丽青，选择柔道这条路所要吃的苦。李丽青虽然当时很坚定，但对于这个苦到底是什么样的还是不能体会的。每周训练 6 天，出早操 5 天，每天练习 7.5 小时，无论风吹还是日晒，也无关寒冷还是炎热，这是李丽青的训练日常。速度、柔韧性、灵活性、协调性要想更好，就要日复一日不停地练习。然后再根据与对手的切磋中不断分析，自己制定战略战术。虽然累，但是李丽青像只有 7 秒钟记忆的鱼一样，倒头睡一觉，第二天就又是精神抖擞的一天。

从事柔道将近 12 年，李丽青小伤无数，大伤 3 次，而 2013 年那次的膝关节损伤，是最为严重的一次，此后所有的大伤也都是从那时开始。她的膝关节、踝关节、髋关节等部位都曾受过大伤，也因此落下了病根，现在，每当天气转凉或阴天下雨，脚腕就疼得厉害。即便如此，李丽青却从未有过放弃的念头，要想出类拔萃，就得吃苦。作为运动员，她已经习惯了这些疼痛。

2011 年全国残运会亚军、2014 年世锦赛冠军、2014 年亚残运会冠军成为她傲人的战绩。2016 年，第一次参加残奥会的李丽青不负众望，一举夺下 2016 里约残奥会柔道女子 48 公斤级冠军，为中国队摘得残奥会当届第二金。除了日积月累训练所练就的过硬本领，李丽青认为，残奥会前的云南高原训练也给了她很大的帮助。400 米、800 米、1500 米等无氧训练，可把李丽青折腾得够呛，但是训练效果却是立竿见影的，在第二场比赛打满 5 分钟后，她都没有感到很疲惫。终于有一天，在异国他乡，气势磅礴的中华人民共和国国歌专门为李丽青而响起。

夺冠前后，除了每天的补贴由原来的每天 25 元涨到了 30 元，李丽青的生活基本上没什么变化，但她还是一如既往地训练。身为残奥会冠军的李丽青也面临着和普通人一样的困扰——一份稳定的工作，对于本身残疾的她来说是一件异常艰难的事情。现在，训练之余，李丽青也会培养一些兴趣爱好和特长，使用电脑、弹电子琴、学习园艺、练练毛笔字。她认为，人生中的每一分、每一秒都应该花在点上，做一些充实、有意义的事情，让人生不至于那么空白。

四、残奥会 50 米自由泳冠军李桂芝：泳池里绽放最美的光彩

1993 年 7 月出生于泗洪县龙集镇龙集村的李桂芝，今年 29 岁。一家五口人，母亲是一位盲人，由于家族遗传，她和弟弟自幼双目失明。人们常说："命运为你关上一扇门时，也必将为你打开另一扇窗。"从小只见过一种颜色的李桂芝，不能像同龄人一样无忧无虑地长大，只能在黑暗中不停地摸索。14 岁那年，李桂芝被父亲送到了宿豫特殊教育学校学习，赵海燕老师担任了李桂芝的班主任。赵老师告诉记者，从进入学校的第一天开始，李桂芝就是一个懂事的孩子。上学时的李桂芝写作业非常认真，如果写错一个字，别的同学也许直接交给老师就算了，但是她会把作业全部重新再写一遍。教室的卫生她也会主动打扫。李桂芝懂事、有礼貌，接触过她的老师，都很喜欢她。如今，每次参加完各种比赛后，她都会跟老师报个喜，李桂芝也会和朋友分享她的点滴生活。在赵老师的眼中，李桂芝是个能吃苦、爱学习、爱拍照、爱穿漂亮衣服的时尚女孩。

李桂芝的启蒙教练是泗洪体育中心的谈五梅。李桂芝从 2008 年 7 月初开始跟着她学习游泳。当时只有 15 岁的李桂芝很听话，个子不高，长

得很秀气，很能吃苦，8月底就被选中参加比赛。此后，李桂芝辗转南通、常熟等地训练。2010年进入江苏省残疾人游泳队，此后参加了多次国内、国际大赛，屡获佳绩。和健全人相比，残疾人学游泳的难度更大，方位感弱，也看不到示范来学习动作，于是她就手把手教。李桂芝肯学，看不到就用手去摸教练的动作，然后自己去领会。刚开始学时，李桂芝对方位没有感觉，也不懂什么技巧，但是，李桂芝硬是用她超强的悟性和肯吃苦精神，很快学会了较为规范的泳姿。因为看不见，她也容易触碰池壁，导致双手红肿，可是李桂芝却非常坚强，再苦再累从不放弃。

无论是2012年伦敦残奥会、2014年韩国仁川亚残会还是2015年世界残疾人游泳锦标赛，每一次比赛，李桂芝都在心里告诉自己："坚持住，别放弃！"她始终相信自己能游得更快、更好。在里约比赛当天，李桂芝是以预赛第一名的身份进入了决赛，位列泳池第四道，比赛开始后，李桂芝的出发反应时间为0.81秒，是所有选手中反应最快的，但是短距离比赛尤其是50米的较量，选手们的成绩很难拉开，李桂芝和第五泳道的瑞典选手齐头并进，在触壁的一瞬间，李桂芝取得领先，以0.03秒收获了该项目的冠军，并创造了该项目的世界纪录。

2016年6月30日，正在备战里约残奥会的李桂芝在做高抬腿训练时不小心踩空了，导致右脚第五骨趾骨折。从手术室推出来的时候，李桂芝的身体很虚弱，但她却说自己只有一点疼，让大家不要为她担心。在手术后的第20天，李桂芝却请求姐姐带她到泳池下水训练。那时距离残奥会9月7日开幕还有两个月，而且9月9日就有比赛项目，可李桂芝的右脚却还没完全康复。为了不影响比赛，李桂芝用塑料袋将右脚裹起来就下水训练了。两只脚不能同时打水，李桂芝就用一只脚打水，为了赶上队友，李桂芝每天加时训练 1 至 2 个小时，别人吃饭休息时，她依然在泳池训练。李桂芝在手术后的 2 个月就参加残奥会比赛，每天不知疲倦地重复着做同一个动作，训练时的她从不叫苦叫累。她的坚强已经远远超过了她 23 岁的年龄，这也许是她这次取得冠军最关键的地方吧。克服困难，敢于拼搏，比别人付出更多的辛苦让李桂芝一举拿下 S11 级 50 米自由泳冠军。从"不想练"到"我要练"，李桂芝在用她的坚持实现"能拿第一绝不拿第二，全力以赴完成每一项比赛的目标"。从 2012 年伦敦残奥会获得一银一铜的成绩，到里约奥运残奥会冠军，李桂芝在泳池里绽放出最美的光彩。

五、残奥会自行车铜牌梁贵华：自信的"单腿骑士"永远的"追风少年"

梁贵华，1984 年生于广东省中山市，现为中国残疾人自行车队一名健将。4 岁那年，他因被砖厂的输送带拖到齿轮下把左腿压至骨碎，不得不接受左腿高位截肢手术。10 岁前，他只能骑着带着辅助轮的小自行车出行，那是他的"另一条腿"。但失去左腿的梁贵华一直很羡慕别的孩子能跑步。出于少年意气，10 岁的某一天，他壮着胆，偷骑了妈妈的自行车。偷骑没有带来意外，却让他体验到了一种不曾有过的速度快感。

17 岁那年的梁贵华走上了属于他的运动员之路，正读高中的梁贵华被教练选中，正式成为了一名残疾人自行车运动员。他凭借着努力的练习，2002 年，梁贵华被中山市残联挑选参加专业体育集训，代表中山市参加全省残运会，一举拿下了广东省残运会自行车、游泳项目的 3 枚金牌。随后，梁贵华被选拔到省、国家的残疾人自行车队集训。

在之前接受媒体采访时，梁贵华曾表示，幸福要靠自己去争取，残疾人要自强自立，不能因为自己残疾就什么都指望别人的帮助和施舍。在享受别人帮助的同时，应该想想自己能为别人做点什么。"我们不能改变命运给我们的不幸，但是我们可以改变对生活的态度，积极一点，乐观一点，其实生活的路可以更宽广。我只有一条腿，但是我与你们一样，坚强地站着。"

2007 年，梁贵华的运动生涯达到了第一个高峰。他以 1 分 18 秒 266 的成绩在 LC3 级 1 公里个人计时赛夺金，首次获得世界冠军并打破该级别赛事的世界纪录。这是中国残疾人自行车队男子项目首次拿到世界冠军！此前，中国在这一领域没有进过世界大赛前三名。2010 年广州亚残运会自行车混合组别 3 公里个人追逐赛比赛，梁贵华对战日本选手藤田征树。前四圈，单脚启动的梁贵华始终落后于双腿装了假肢的藤田征树。咬紧牙关的梁贵华在最后四圈凭借耐力反超藤田征树，以 3 分 55 秒 149 的成绩为中国夺得了金牌。

重回巅峰的梁贵华，开始进入长达 3 个奥运周期的黄金时期。2012 年伦敦残奥会，梁贵华在 3 公里个人追逐赛中两度打破自己保持的世界纪录，在参加的各项赛事中收获了一金一银。2016 年里约奥运会，梁贵华在自行车场地 3 公里个人追逐赛预赛中创造了新的世界纪录，并在 3 公里个人追逐赛中再次蝉联冠军。2018 年里约世界残疾人自行车场地锦标赛中他勇获一银一铜，同年，在雅加达亚运会获得公路计时赛金牌。

近年来，梁贵华的状态一直得到保持，2021 年在深圳举办的中华人民共和国第十一届残疾人运动会暨第八届特殊奥林匹克运动会自行车比赛中，他获得 C2 男子 45 公里公路大组赛、C2 男子 10 公里个人计时赛、C2 男子 1 公里计时赛、C2 男子 3 公里个人追逐赛 4 块金牌。

2021 年，已"追风"20 年的梁贵华再度站到东京残奥会的赛场上。8 月 26 日，在日本伊豆举行的东京残奥会场地自行车男子 C2 级 3000 米个人追逐赛铜牌赛中，梁贵华以 3 分 34 秒 781 的成绩，战胜日本选手川本翔大获得铜牌。

梁贵华，这位曾经的独腿少年，凭着顽强的毅力和奋发向上的精神，一次次地站在了世界的最高领奖台上实现了自己人生的梦想，为国争光。他用自己的努力告诉我们，身体的残疾并不能阻挡实现理想的步伐，梦想需要拼搏，生命需要绽放。

六、业余马拉松跑者，赛艇运动爱好者马神鹰：一定要让所有人记住我

马神鹰——上海籍的一位盲人马拉松跑者，同时也是一位赛艇运动爱好者。

对于世间的大部分人而言，他们的世界是五颜六色的，所有的事物都有它的颜色。可是，也有这样一群人，每天面对的却是一片黑暗。他们只能从这片黑暗中站起来，努力去寻找生命裂缝中透出的那一缕光。

马神鹰是一位盲人运动爱好者，平时会参与赛艇或者跑步等各种运动项目。"我不一定是最快的，也不一定是最优秀的，但是我一定要让所有人记住我。所以跑步的赛道上也是，我一定要让所有人记住我"这是她的格言。赛场上的她闭目凝神，淡然自信。生活中的她热爱运动、乐观坚定、

嗓音温柔、笑声爽朗，同时，她也是一位 5 岁女儿的妈妈。

在上海，有一群特殊的跑步爱好者，他们用自己的行动诠释着助人为乐的意义，帮助视障人实现奔跑的自由，他们有一个酷酷的名字——黑暗跑团。跑团成立于 2016 年，成员们来自各行各业，奔跑这个共同的爱好将大家聚在一起。每个周末，跑团成员都会聚在一起进行跑步训练，一根小小的陪跑绳，两头握着陪跑员和视障跑者，收起盲棍，视障人也可以摆臂迈步跑起来。一般一位视障跑者在参加正式的马拉松比赛时，需要三名陪跑员协同配合，除了主陪跑，前后还各有一名陪跑员，分别负责视障跑者的前方开路和后方保障。黑暗跑团队长程益说："现在让我们时常感到难办的，不是陪跑员不够，而是太多，跑友们的热情让人感动。"视障跑者马神鹰也是跑团的一员，她说："对于我们来说，眼睛本来就不太好，因此会充分信任自己身边的每一个陪跑。"

对于马神鹰来说，人们的"心理无障碍"可能比"环境的无障碍"更重要，我们需要更多人去推动"无障碍环境"。"心理无障碍"指的是让更多人去了解盲人，撤除偏见，避免刻板印象。很多盲人都有自己的事业，而且很多人正在做一些其他的职业，并不仅仅是人们刻板印象里的推拿。比如，马神鹰现在是体验馆兼职的引导，还是食品香精公司兼职的评鉴员。

不认输，不服气，不妥协，打破对于视障人士的传统印象。从黑暗世界奔向光明人生，虽然看不到，但是心的感受和奔跑一样，从未停止。

七、马拉松盲人配速员严伟：痴情于跑步，永远突破不可能

一名盲人在黑暗中飞奔，陪伴在身边的是三四名陪跑员，有人在前面

呼喊提醒他人注意，有人在左侧牵着绳子，还有人在身后保护并随时拿取补给，这是盲人跑者参加马拉松比赛的场景。或许马拉松对大家来说都很熟悉，但是盲人跑者参加马拉松比赛大家可能并没有关注过。

严伟出生于1987年，幼儿时期因为患有视网膜母细胞癌而被迫摘除了眼球，从此他眼中的世界就变成了黑色。严伟在14岁时，身体显得比较胖，而且有哮喘，因此想通过运动改变自己的体质。但是跑步对盲人来说比较困难，严伟就先是原地踏步，后来跟着妹妹一起跑步，妹妹逐渐跟不上，就骑着车，让哥哥扶着自己的肩膀跑。从此他喜欢上了跑步，并且经常从事这项运动。虽然经常跑步，但是他从未想过成为一名盲人马拉松跑者，直到偶然听到一则新闻。

"听到新闻报道，盲人可以在陪跑志愿者的帮助下完成马拉松比赛，我想着别人能够参加，我也想去报名。"严伟说，2015年，他鼓足勇气报名了北京马拉松，并在陪跑志愿者的帮助下成功完成"首马"，从此一发不可收拾，他陆续又报名了各项比赛。严伟在志愿者和其他参赛选手的帮助下，在江苏徐州跑出了3小时13分的好成绩。他总共参加了20多项马拉松赛事，深知陪伴志愿者的不容易。他说："每一个陪跑的人，由于需要一边跑一边跟我配合，所以会比我辛苦，再加上像我这样跑得比较快的盲人极少，所以陪跑志愿者比较难找。"

严伟不仅仅参与马拉松比赛，更是在2020年10月于上海大宁公园完成了一项壮举——国际盲人节当天，他用9小时40分完成了"中国首位全盲跑者百公里挑战赛"，成为中国首位成功挑战百公里超级马拉松的全盲选手。这无疑是一项壮举，也是属于他的荣耀。"我平时的速度比较快，因为跑马拉松时速度储备还是很重要的，这意味着能力的提高。"严伟接受采访时表示："在跑步过程中，最后阶段有两名第一次接触的志愿者接力，磨合了一会儿才适应节奏，但最终还是成功完成了100公里""志愿者可以休息一下，我需要一直坚持，中途需要能量的话，就边跑边补充一些巧克力之类的东西。"严伟说，对于完成了第一个百公里马拉松之后的感受，严伟说，这是一次难得的经历，"百公里应该算是一个跑者的里程碑"。

严伟不仅作为参赛选手参与马拉松比赛，更是作为配速员的身份参与到赛事中。"对于我来说，由于是盲人，之前就是想跑着开心，也没想过当配速员。这次我们黑暗跑团的负责人找到我，问我有没有想法作为官方330配速员去跑。当时我有点不自信，我问能行吗？我的视力不好官方会同意吗？负责人表示认同：'你的最好成绩是3小时15分，正好可以胜任这个任务。'我已经跑了18个全马，今年成都双遗马拉松赛是我第19个全马。我想成为一名配速员去体验比赛也是一个非常难得的经历，于是我就答应了。虽然说水平没有问题，但是做到每一公里的速度一致，还需要下一些功夫。作为配速员我也有一种责任感，不能乱来。"天生眼盲，却痴情于跑步。相信他的优异表现不止于此，永远突破不可能。

参考文献

［1］海群，唐艳. 残疾人体育与康复［M］. 浙江：浙江工商大学出版社，2017：168-17.

［2］体育课程教材研究开发中心. 体育与健康［M］. 北京：人民教育出版社，2021.